刑事检察工作指导

2024年第4辑 · 总第24辑

主　编／史卫忠

主　办／最高人民检察院普通犯罪检察厅、重大犯罪检察厅、
职务犯罪检察厅、经济犯罪检察厅

中国检察出版社

图书在版编目（CIP）数据

刑事检察工作指导 . 2024 年 . 第 4 辑 / 史卫忠主编 . 北京：中国检察出版社，2025. -- ISBN 978-7-5102-3162-9

Ⅰ. D925.204

中国国家版本馆 CIP 数据核字第 2025SU9606 号

刑事检察工作指导（2024 年第 4 辑）

史卫忠　主编

责任编辑：王　欢

技术编辑：王英英

美术编辑：徐嘉武

出版发行：中国检察出版社

社　　址：北京市石景山区香山南路 109 号（100144）

网　　址：中国检察出版社（www.zgjccbs.com）

编辑电话：（010）86423780

发行电话：（010）86423726　86423727　86423728
（010）86423730　86423732

经　　销：新华书店

印　　刷：河北宝昌佳彩印刷有限公司

开　　本：710 mm × 960 mm　16 开

印　　张：15.25

字　　数：179 千字

版　　次：2025 年 4 月第一版　　2025 年 4 月第一次印刷

书　　号：ISBN 978-7-5102-3162-9

定　　价：60.00 元

《刑事检察工作指导》编委会

《刑事检察工作指导》
特邀编辑

目 录

【本辑特稿】

【研究动态】

【本辑聚焦】

【权威解读】

【实务研究】

【域外法制】

Benji Tegao

本辑特稿

应勇检察长在全国检察机关刑事检察工作会议上强调
刑事检察全过程参与、全流程监督刑事诉讼 依法全面履行刑事检察职权 做优做强刑事检察工作

2024 年 11 月 20 日，最高人民检察院组织召开全国检察机关刑事检察工作会议，这是检察机关内设机构改革后召开的首次刑事检察工作会议。会议总结肯定了近年来刑事检察工作取得的成绩，研究部署当前和今后一个时期刑事检察工作。最高检党组书记、检察长应勇强调，要坚持以习近平新时代中国特色社会主义思想为指导，全面贯彻党的二十大和二十届三中全会精神，扎实做好新时代新征程刑事检察工作，更好为大局服务、为人民司法、为法治担当。

应勇指出，要充分发挥刑事检察职能作用，依法惩治和预防犯罪，为推进中国式现代化提供有力法治保障。进入新时代，我国书写了经济快速发展和社会长期稳定两大奇迹新篇章，我国发展仍然处于重要战略机遇期，全面依法治国进入新阶段，正在以进一步全面深化改革推进中国式现代化。我国经济基本面及市场广阔、经济韧性强、潜力大等有利条件并没有改变，必将延续我国经济发展长期向好的大趋势。但也要清醒认识到，当前国际形势严峻复杂，改革发展稳定任务更加艰巨繁重。刑事检察全过程参与、全流程监督刑事诉讼，是检察机关的基本职能，是中国特色刑事司法制度优越性的重要体现，是

追诉犯罪、维护稳定、保障人权、守护公正的重要力量。要坚持从政治上着眼、在法治上着力，把刑事检察工作放到党和国家工作大局中去推进和深化，深刻把握大局大势，贯彻总体国家安全观，全面履行刑事检察职能，更好服务高水平安全和高质量发展，维护国家长治久安。

一要依法严厉打击危害国家安全犯罪，坚定捍卫国家政治安全。国家安全是民族复兴的根基。刑事检察是检察机关“刀把子”功能最重要的体现。要全面贯彻总体国家安全观，把维护国家政治安全摆在更加突出的位置，深化反渗透反颠覆反暴恐反邪教等工作，始终保持对暴力恐怖、民族分裂、宗教极端势力的严打高压态势，严厉打击各类危害国家安全犯罪，坚定维护国家政权安全、制度安全、意识形态安全。要加强涉外刑事检察工作，更加有力维护国家主权、安全和发展利益。要协同完善维护国家安全体制机制，推进国家安全体系和能力现代化。

二要依法惩治危害社会秩序犯罪，更加有力维护社会大局稳定。社会稳定是国家强盛的前提。刑事检察处在维护社会稳定的第一线。要依法从严惩治故意杀人、抢劫、绑架等严重暴力犯罪，从重从严惩治重大恶性犯罪。要健全扫黑除恶常态化机制，打早打小、露头就打、打准打实。要推动网络综合治理，依法惩治电信网络诈骗、网络赌博、网络暴力等犯罪，促进网络空间法治建设。要积极参与健全社会治理体系，协同完善“扫黄打非”长效机制，依法惩治盗抢骗等多发性侵财犯罪，突出惩治拐卖妇女儿童、涉枪涉爆、制毒贩毒及危害安全生产、危害食品药品安全、养老诈骗、医保诈骗、侵犯公民个人信息等人民群众反映强烈的违法犯罪。着力惩治和预防犯罪，切实增强人民群众安全感，保障人民群众安居乐业。

三要依法惩治经济金融领域犯罪，助力守牢安全发展底线。高质量发展是全面建设社会主义现代化国家的首要任务。刑事检察担负着惩治经济犯罪、维护经济安全的重要职责。要主动融入构建高水平社会主义市场经济体制，聚焦市场化、法治化、国际化营商环境建设，健全检察政策与宏观政策取向一致性评估机制。依法从严惩治侵权假冒、危害税收征管等经济犯罪，维护社会主义市场经济秩序。持续做实对各类经营主体一视同仁对待、依法平等保护，对侵犯各种所有制经济产权和合法利益的行为实行同责同罪同罚。加强知识产权综合司法保护，依法严惩侵犯商业秘密等犯罪，护航因地制宜发展新质生产力。依法严厉打击洗钱、财务造假、非法集资、操纵市场等金融犯罪，保持惩治涉众型金融犯罪高压态势，探索完善金融证券派驻检察工作机制，协同防范化解金融风险。

四要依法惩治腐败犯罪，助力坚决打赢反腐败斗争攻坚战持久战。坚决防治腐败是党自我革命必须长期抓好的重大政治任务。刑事检察是反腐败斗争的一支重要力量。要自觉融入党和国家监督体系，推进执纪执法和刑事司法有机衔接，健全监检互相配合、互相制约机制，完善职务犯罪大要案办理工作机制，积极参与重点领域腐败问题治理，协同深化整治权力集中、资金密集、资源富集领域腐败，推动有效防治新型腐败和隐性腐败。坚持受贿行贿一起查，加大行贿犯罪惩治力度。配合健全追逃防逃追赃机制，依法积极适用违法所得没收程序和缺席审判程序。

五要强化未成年人权益保护和犯罪防治，坚决遏制未成年人违法犯罪上升势头。刑事检察是预防和治理未成年人犯罪的重要一环。要坚持“零容忍”，依法严厉打击侵害未成年人犯罪。高度重视未成年人犯罪的预防和治理，坚持“预防就是保护、惩治也是挽救”，加强对涉罪未成年人的依法惩治、精准帮教。要协同健全罪错未成年人分级干预矫治机制。要更好以司法保护促进健全未成年人“六大保护”协同机制。

刑事检察依法惩治犯罪、促进犯罪治理，必须全面准确落实宽严相济刑事政策。宽严相济的首要前提是严格依法，宽不是法外开恩，严不是法外加重。要辩证把握宽与严的关系，“严”和“宽”两手都要抓、都要硬、都要准，做到依法该严则严、当宽则宽、宽严相济、罚当其罪。

应勇强调，要依法全面履行刑事检察职权，切实加强新时代新征程刑事检察工作。做好新时代新征程刑事检察工作，必须坚持以习近平法治思想为指引，坚持公民在法律面前一律平等、尊重和保障人权等宪法原则，贯彻刑法、刑事诉讼法、人民检察院组织法等法律规定，恪守法定职能，聚焦主责主业，依法全面履行刑事检察职权，坚持罪刑法定、罪责刑相适应、法理情相统一，切实做到“三个善于”，高质效办好每一个案件，持续做优做强刑事检察工作，让人民群众在每一个司法案件中感受到公平正义。

要依法加强审查逮捕工作。逮捕是刑事诉讼中最为严厉的一种强制措施。审查逮捕必须依法准确适用逮捕法定条件，要看是否具备证据条件和刑罚条件，即有证据证明有犯罪事实、可能判处徒刑以上刑罚。在具备证据条件和刑罚条件的前提下，要审查必要性条件，进一步健全社会危险性评估机制。对于严重危害国家安全、严重侵犯人身权利、严重危害社会秩序等犯罪，该逮捕的要坚决逮捕。对于可能实施新的犯罪，可能毁灭伪造证据、干扰证人作证或者串供等，依法应当予以逮捕，保障诉讼活动顺利进行。既要防止该捕不捕、轻纵犯罪，也要防止不该捕而捕、构罪即捕。要跟踪监督案件后续处理，避免有罪不究或者形成“挂案”。

要依法加强审查起诉和出庭支持公诉工作。加强审查起诉工作。要秉持客观公正立场，加强对犯罪事实、证据、法律适用、强制措施、涉案财物等全面、实质审查，依法作出起诉、不起诉或附条件不起诉决定，确保不偏不倚、不枉不纵。要严格把握起诉法定标准，凡是提起公诉的案件，必须做到案件事实清楚、证据确实充分，依法应当追究刑事责任。要依法、准确、规范适用不起诉。对于犯罪嫌疑人没有犯罪事实，或者依法不追究刑事责任，以及犯罪情节轻微，依照刑法规定不需要判处刑罚或者免除刑罚的，依法作出不起诉决定。对于二次补充侦查的案件，证据不足，不符合起诉条件的，应当依法作出不起诉决定。注重加强对办理不起诉案件的研究指导，规范司法适用标准。要加强对不起诉案件的内外部制约监督，重视复议复核意见的办理，充分运用公开听证、听取意见、内部审核把关等方式，为不起诉“加把锁”。

加强出庭支持公诉工作。要围绕庭审实质化，下大气力加强出庭公诉工作，分类加强对适用速裁程序、简易程序、普通程序案件和疑难复杂案件出庭公诉的研究，有针对性地强化公诉能力建设。要强化普通程序案件特别是重大疑难复杂、不认罪案件的出庭指控工作，夯实庭前阶段指控证据基础，加强法律适用疑难问题研究论证，重视发挥庭前会议作用，庭审中依法有针对性做好询问讯问、示证质证、发表公诉意见等工作，切实提高当庭指控能力、辩论能力和应变能力。对于重大疑难复杂案件，检察长、分管检察长要带头出庭公诉；上级院要加强指导，依规调配本辖区优秀公诉人出庭。要协同法院提高二审上诉案件开庭率。

深化完善认罪认罚从宽司法制度适用。认罪认罚从宽司法制度是中国特色社会主义刑事司法制度的重大创新，丰富了刑事司法与犯罪治理的"中国方案"。制度全面实施以来，经过稳步推进，适用成为常态，要进一步推动深化完善、提升质效。自愿性、真实性、合法性是认罪认罚适用的基本前提，也是关键所在。要强化认罪教育和释法说理，重视保障犯罪嫌疑人、被告人的诉讼权利特别是辩护权利，加强与委托的辩护律师、法律援助律师及值班律师的沟通，确保认罪认罚自愿真实合法。要加强对认罪认罚案件的证据审查，防止出现冤错案件。要加强与法院沟通，完善听取意见等机制，保证量刑建议的合法性恰当性。

要依法加强对刑事诉讼活动的法律监督。要加强刑事立案、侦查、审判监督，坚持"在办案中监督、在监督中办案"，既敢于监督、善于监督，又依法监督、规范监督，更勇于自我监督。刑事立案和侦查活动监督要进一步提升监督质量，树立监督公信。立案监督重在加强对该立案而不立案、不该立案而立案的监督。要坚决监督纠正有案不立、有罪不究、刑事"挂案"等问题。要完善行政处罚和刑事处罚双向衔接制度，完善案件移送标准和程序。进一步加强正向衔接工作，准确把握刑事立案标准，更加注重监督质量，防止以罚代刑。依法规范办理反向衔接案件，严格把握"可处罚性"原则，做好对主管机关回复和处理情况的跟踪督促，防止当罚不罚。侦查活动监督重在加强对严重违法情形的监督。要着力加强对侦查取证违法、侦查措施违法、强制措施违法等深层次、实质性违法问题的监督。加大对侦查机关违法取证监督力度，加强对关键证据的调查核实，强化非法取证源头预防，严格落实非法证据排除规则。探索完善事前审查、事中监督、事后纠正机制，依法加强对涉及人身权利强制措施的监督，切实强化对查封、扣押、冻结等强制措施的监督。着力监督纠正利用刑事手段插手民事经济纠纷，特别是跨区域违法抓人、违法“查扣冻”等趋利性执法问题。信息畅通是有效监督的重要基础，协作配合是形成合力的重要举措。要会同侦查机关持续推动侦查监督与协作配合机制实质化、规范化、体系化运行，通过推进信息共享促进提升办案质效。刑事审判监督要进一步加大力度，提升监督针对性，增强监督实效性。要加强刑事裁判结果监督。运用好抗诉这一主要监督方式，聚焦定罪明显不当、量刑严重失衡等问题，切实加大监督力度，提升监督质效。健全上下联动抗诉工作机制，加强上级院的指导与把关，坚持跟进监督、接续监督，以监督韧劲增强监督实效。要加强对审判活动违法的监督。综合运用纠正意见、检察建议等监督手段，及时纠正延迟立案、久审不决等审判程序严重违法问题。要依法落实检察长列席人民法院审委会会议制度，加强法检互相配合、互相制约，共同维护司法公正。

要依法加强对刑罚执行和监狱、看守所执法活动的法律监督。要进一步完善“派驻＋巡回＋科技”监督机制。派驻检察室是“阵地”，重在巩固加强，提高监督的针对性和实效性。巡回检察是“利剑”，重在发现违纪违法问题，增强监督刚性。科技赋能是“手段”，重在依靠科技力量，提升监督能力。要全面加强对强制医疗执行、社区矫正、财产刑执行等监督，强化对超期羁押、久押不决案件的监督，加强对监狱刑罚执行、狱政管理和看守所收押、出所等重点环节的监督。要强化对指定居所监视居住决定和执行的检察监督，提升监督效能。要既监督“纸面服刑”“提钱出狱”，又防止“该减不减”“该放不放”。

要依法加强和规范检察侦查工作。检察侦查是法律赋予检察机关的重要职权，是严惩司法腐败、维护司法公正的重要手段，也是加强法律监督的重要保障。最高检党组反复强调，检察侦查重在依法稳慎，务必搞准。各级检察机关都要正确理解和把握这个总要求，务必搞准是关键。直接侦查要规范立案追诉标准，加强对司法工作人员相关职务犯罪的查处和治理。完善检察侦查案件监检衔接机制，经检察机关调查核实或立案侦查后，认为达不到刑事追究标准或者查明不需要追究刑事责任，但需要给予党纪政务处分的，依法移送纪检监察机关处理。机动侦查既要“激活”，更要严把法定要件。要认真总结办案情况，严格办案的标准和程序，确保办准、办好。自行补充侦查不是代替其他部门办案，也不能替代退查，要依法规范开展。检察机关自行补充侦查更为适宜的，要主动开展自行补充侦查，既办好案件又提升能力。

依法加强核准追诉和死刑复核法律监督。依法履行超过二十年追诉期限案件的核准追诉权，准确把握追诉必要性，依法作出核准追诉或者不予核准追诉的决定。对低龄未成年人严重暴力犯罪，符合法定条件的，要依法核准追诉。坚持最严证据标准，加强上下联动，进一步加强死刑复核法律监督工作。

依法加强刑事司法解释工作。制定和发布司法解释是最高检的重要职权之一，也是领导、指导地方检察机关依法正确行使检察权的重要方式。要围绕刑事检察工作中具体应用法律的重点、新型、疑难问题，及时商有关方面作出司法解释，指导一线办案。要加强和规范指导性案例、典型案例发布，发挥案例指导作用。

应勇要求，要以落实和完善司法责任制为主线，健全刑事检察公正司法体制机制。党的二十届三中全会《决定》强调，“确保执法司法各环节全过程在有效制约监督下运行”。落实和完善司法责任制，是推动实现权力行使与制约监督、责任承担相统一的关键环节。要把落实和完善司法责任制贯穿始终，健全刑事检察公正司法体制机制，确保自身严格依法办案、公正司法，持续做实“高质效办好每一个案件”。

要健全刑事检察工作机制。加强刑事检察工作机制建设是落实和完善司法责任制的有力保障。要完善基本业务指导机制。逮捕、起诉、刑事诉讼监督等刑事检察基本职能，只能加强，不能削弱。最高检统筹加强综合研究和对下指导。要健全依法一体履职机制。健全上下统一、横向协作、总体统筹的一体履职机制。加强上级检察院对刑事检察办案工作的监督指导。规范落实上级检察院统一调用辖区检察人员办案制度。完善刑事检察部门与其他检察业务部门法律监督线索移送、行刑反向衔接等协作配合机制。要健全综合履职机制。完善未成年人检察、知识产权检察等领域“四大检察”综合履职机制。要坚持捕诉一体办案机制的同时，探索在内部合理配置岗位职责、完善机制，促进这一办案机制运行更为有效。

要优化刑事检察管理模式。加强检察科学管理是落实和完善司法责任制的重要内容。最高检决定“一取消三不再”后，管理责任更重、要求更高，必须一体抓好检察业务管理、案件管理、质量管理。“三个管理”各有侧重、有机联系、相互贯通。刑事检察部门承担本部门案件管理、质量管理的主要职责，也承担对本条线业务管理的具体职责。在业务管理上，要在保证业务数据真实、客观、准确的基础上，加强对刑事检察重点案件类型、重点办案领域、重要业务态势的分析研判。在案件管理上，要对刑事案件进行流程、实体等全方位管理，包括办案职权划分、办案监督管理等，完善备案审查、指导督办等机制，推动把司法责任制落实到每一个案件、每一个办案环节、每一个办案组织、每一名检察官。在质量管理上，要完善公诉等案件办案质量标准，抓好刑事案件审查、认定、处理等环节，开展重点案件自查、检查、评查，促进办案实体、程序、效果有机统一。要科学划分刑事检察、案管、检务督察等部门责任，完善各司其责、衔接协同的管理机制，共同提升管理科学化水平。要通过管理，进一步落实和完善司法责任制，既促进严格依法办案、公正司法，又鼓励担当作为、依法履职。

要完善刑事检察权运行制约监督。全面准确落实司法责任制，必须实现权力与责任的平衡、放权与管权的统一。要坚持勇于自我监督，强化内部制约监督。一体落实人民检察院全面准确落实司法责任制的若干意见、司法责任追究条例，进一步完善刑事司法权责配置，落实刑事司法办案监督管理职责。加强司法办案廉政风险防控，完善不捕不诉、检察侦查等重点环节制约监督机制。狠抓制度执行，严格落实人民检察院办理认罪认罚案件监督管理办法等制度。要规范刑事申诉、国家赔偿等案件反向审视工作，及时检视和改进工作。要自觉接受履职制约，强化外部制约监督。自觉接受公安机关、审判机关、司法行政机关履职制约，协同推进刑事案件律师辩护全覆盖。完善人民监督员、检务公开等制度机制，以公开促公正赢公信。

应勇强调，要着力锻造高素质专业化刑事检察队伍。做好新时代新征程刑事检察工作，关键靠一支忠诚干净担当的刑事检察铁军。各级检察机关要把刑事检察队伍建设作为基础性战略性工程，持续提升队伍整体素质。要始终把政治建设放在首位。巩固拓展主题教育成果，深入学思践悟习近平法治思想，时时处处对照审视检察工作和履职办案。加强政治能力培养，不断提高检察履职办案的政治判断力、政治领悟力、政治执行力。要持续加强业务素能建设。聚焦“高质效办好每一个案件”，不断提升案件审查、出庭公诉、政策运用、效果提升、数字检察等能力。强化业务培训和岗位练兵，发挥“十佳”“优秀”公诉人的带动作用，加强专业化、复合型人才培养。要纵深推进全面从严治检。巩固深化党纪学习教育成果，强化纪律作风建设，持续狠抓“三个规定”落实，深化纠治“四风”，切实为基层减负。刑事检察工作强度大、压力大，刑事检察队伍付出多、奉献多。各级检察院党组要切实加强对刑事检察工作的组织领导和统筹谋划，经常听取汇报，认真研究解决工作中的重大问题。要高度重视刑事检察部门建设，关心爱护刑事检察队伍，配齐配强刑事检察部门领导班子，加强业务骨干和优秀年轻干部培养，畅通刑事检察人员职业发展渠道，帮助解决实际困难，让大家更加安心安业。

应勇指出，刑事检察工作责任重大，使命光荣。要更加紧密团结在以习近平同志为核心的党中央周围，全面贯彻习近平法治思想，锐意进取、奋勇拼搏，推动刑事检察工作行稳致远，为以中国式现代化全面推进强国建设、民族复兴伟业提供有力司法保障！

依法全面履行刑事检察职权 切实加强新时代新征程刑事检察工作

葛晓燕 *

刑事检察全过程参与、全流程监督刑事诉讼，是检察机关的基本职能，是中国特色刑事司法制度优越性的重要体现，是追诉犯罪、维护稳定、保障人权、守护公正的重要力量。新时代新征程，坚持从政治上着眼、在法治上着力，把刑事检察工作放到党和国家工作大局中去推进和深化，深刻把握大局大势，贯彻总体国家安全观，依法全面履行刑事检察职权，更好服务高水平安全和高质量发展，维护国家长治久安。

一、坚持以习近平法治思想为引领，深刻领会和把握最高检党组各项部署，增强做好新时代新征程刑事检察工作的思想自觉和行动自觉

习近平法治思想是做好刑事检察工作的根本遵循。党的十八大以来，习近平总书记强调政法工作要履行好维护国家政治安全、确保社会大局稳定、促进社会公平正义、保障人民安居乐业的职责任务，并对加强严格执法、公正司法、推进扫黑除恶等提出明确要求。党的二十届三中全会专章部署法治和安全。近年来，最高检党组始终坚持

* 葛晓燕，最高人民检察院党组成员、副检察长。

以习近平法治思想为引领，坚持守正创新、巩固深化、完善提升，不断深化刑事检察规律性认识，提出一系列新思路、新理念、新举措。开启刑事检察工作新征程，以更高标准、更严要求落实刑事检察工作职责，就必须深化认识并落实这些新思路、新理念、新举措，持续推进习近平法治思想的刑事检察实践。

第一，深刻领会和把握“要让高质效办好每一个案件成为新时代新征程检察履职办案的基本价值追求”。高质效办好每一个案件，是新一届最高检党组落实习近平总书记关于公正司法重要论述的具体实践。应勇检察长在多个场合反复强调，高质效办好每一个案件体现了讲政治与讲法治统一，质量、效率、效果统一，个案与整体的统一；“高质效”既是目标引领、也是标准要求，“办好”既是过程、也是结果，“每一个”既是部分、也是整体。刑事检察要结合新时代以来刑事检察工作发展变革和司法实践，深入学习领会应勇检察长讲话精神，更加准确把握高质效的理论逻辑、实践要求、方式方法，并从思想自觉体现到行动自觉上来。

第二，深刻领会和把握“三个善于”。2024 年 4 月，应勇检察长在国家检察官学院春季学期首批调训班授课时指出，要善于从纷繁复杂的法律事实中准确把握实质法律关系，善于从具体法律条文中深刻领悟法治精神，善于在法理情的有机统一中实现公平正义。“三个善于”根源于对习近平法治思想的领悟和践行，既是认识论，也是方法论，旨在引导检察人员践行司法为民宗旨，提高正确运用法律政策的能力，最终实现高质效办好每一个案件。刑事检察人员要准确把握“三个善于”的基本内涵和实践要求，不断提升案件办理水平。

第三，深刻领会和把握“检察履职要回归到办案基本职责上、回归到具体案件办理上”。检察机关的主责主业是法律监督，基本形式是办案。要让人民群众在每一个司法案件中感受到公平正义，靠的是高质效办好每一个案件，落实在每一个案件的每一个环节。2024年9月，最高检党组明确提出，检察履职要回归到办案基本职责上、回归到具体案件办理上。应勇检察长指出，要充分发挥刑事检察职能作用，依法惩治和预防刑事犯罪，为推进中国式现代化提供有力法治保障。刑事检察要深刻领悟“两个回归”的深意，立足刑事办案基本职能，坚持证据裁判原则，遵循罪刑法定、罪责刑相适应，努力做犯罪的追诉者、无辜的保护者、正义的捍卫者，实现打击犯罪同保障人权、追求效率同司法公正有机统一。

第四，深刻领会和把握“坚持法定职权必须为，依法全面履行刑事检察职权”。习近平总书记指出，法治是中国式现代化的重要特征和必要条件。检察机关作为法律监督机关，更应该带头坚守法治原则，坚持法治思维和法治方式，坚持法无授权不可为，恪守刑事检察权力边界。检察机关依法全面履行法定职权，重在“依法全面”，要在“法定”。刑法、刑事诉讼法、人民检察院组织法等法律，对检察机关审查逮捕、审查起诉、诉讼监督等职权有明确规定。法定职权是刑事检察的基本职能，是刑事检察行稳致远的基础。刑事检察履职要始终立足并不断强化这些基本职能，既要全面充分，又要严守边界，不越界，不越位。

第五，深刻领会和把握“一取消三不再”、一体抓好“三个管理”。“一取消三不再”、一体抓好“三个管理”是最高检党组在深入调查研究、广泛听取意见基础上作出的决定。应勇检察长结合刑事检察工作进一步强调，“一取消三不再”后，必须一体抓好检察业务管理、案件管理、质量管理。“一取消三不再”、一体抓好“三个管理”目的是引导各级检察机关、广大检察人员树立正确政绩观。各级检察机关要提高政治站位，在完整、全面、准确理解的基础上，结合刑事检察工作，不折不扣抓好贯彻落实。

二、突出抓好各项业务工作，深耕主责主业，依法全面履行刑事检察职权

第一，关于审查逮捕和“两项监督”。一是严把审查逮捕案件质量。逮捕作为最严厉强制措施，要严格把握逮捕功能定位，依法准确适用逮捕的法定条件。近年来，检察机关审查逮捕案件质量整体是好的，但也存在对逮捕条件把握不准，一度出现不捕率大幅上升，将必要性审查置于法定逮捕条件之前，造成逮捕权行使出现一定偏差。最近“构罪即捕”有所抬头，捕后不起诉、无罪、撤回起诉、轻缓刑数量上升明显，需引起重视。最高检党组反复强调，不捕率不是越低越好，也不是越高越好，关键要遵循司法规律，严格依法、实事求是。特别要准确把握逮捕与起诉证据标准的差异性，不能用起诉和审判标准代替逮捕标准。

二是突出“两项监督”重点。近年来，刑事检察部门创新工作机制，推动扭转“两项监督”履职不力局面，规范化、专业化、智能化建设取得显著进步，但刑事立案监督还比较薄弱，有案不立、有罪不究、以刑事手段插手民事经济纠纷等问题不同程度存在，部分地区依职权监督必要性不足；侦查活动监督浅表性问题突出。要进一步增强监督意识，防止和克服“重诉讼轻监督”“重配合轻监督”等错误倾向，聚焦执法司法中的突出问题，有针对性加强和改进监督工作。加强立案监督，对于履职发现公安机关应立案未立案的，应当建议和监督依法及时立案；对于履职发现公安机关不应立案而立案的，应当督促、监督公安机关及时撤销案件或者终止侦查。聚焦重点、重大、严

重问题开展侦查活动监督，着力解决侦查监督泛化，监督重点不突出、浅表化问题。总结涉企刑事“挂案”专项清理经验，对久侦不结、久诉不结的案件全面排查、分类处理，加强对刑事“挂案”的监督，推动形成清理和防止刑事“挂案”常态化机制。

三是加强强制措施中涉及公民人身权和财产权监督。调研发现，司法实践中滥用刑事强制措施侵犯公民、法人和其他组织人身、财产权利等行为仍然存在，滥用查封、扣押、冻结等强制措施侵犯企业合法财产行为屡有发生。保护公民的人身自由和合法财产不受侵犯，是我国宪法确立的原则。按照党的二十届三中全会部署，探索完善事前审查，监督强制措施是否严格依照法定权限、范围、条件和程序进行。强化事中监督，在刑事诉讼中发现对犯罪嫌疑人采取强制措施不当的，应当及时撤销或者变更，并建立事后纠正等救济途径。加强对指定居所监视居住决定和执行活动的监督，对适用“指居”不合法的，及时提出监督纠正意见。

四是推动侦查监督与协作配合办公室实质化、规范化运行。《关于健全完善侦查监督与协作配合机制的意见》印发以来，各地检察机关协同公安机关狠抓意见落实，如期完成侦监协作办公室全覆盖的目标。2024 年 3 月，最高检、公安部又联合印发《侦查监督与协作配合办公室工作规范》，进一步健全公安机关、检察机关各司其职、相互配合、相互制约的体制机制。侦监协作办公室的运行要准确把握职能边界，不能代为行使检察机关业务部门的职权；把工作重心放在加强对公安机关侦查活动的监督特别是对立案的监督上，协同解决有案不立、违规立案、立而不办等突出问题；坚持“分工负责、互相配合、互相制约”，既充分履行法律监督职能，也要自觉接受公安机关对检察办案活动的制约。

第二，关于审查起诉和审判监督。一是严把审查起诉案件质量关。严格把握起诉法定标准，狠抓公诉案件质量，凡是提起公诉的案件，必须做到事实清楚、证据确实、充分，据以定案的证据能够排除合理怀疑。注重推行以客观性证据为主的证据审查模式，排除非法证据、补正瑕疵证据、补强客观证据，巩固完善证据体系。切实增强亲历性，依法用好自行补充侦查和退回补充侦查，用足用好调查核实权，以审查证据的亲历性保障获取证据、补强证据的准确性和实效性。

二是依法、准确、规范适用不起诉权。不起诉权是刑事诉讼的过滤机制和救济措施，是检察官秉持客观公正立场的重要体现。依法准确把握相对不起诉条件，“犯罪情节轻微”是适用相对不起诉的前提条件，“不需要判处刑罚或者免除刑罚”是适用相对不起诉的必要条件，要综合分析，但总体上应以“不需要判处刑罚或者免除刑罚”为法定判断标准，不能突破法律底线。防止混用三种不起诉类型。法定不起诉是对入罪标准的评价，涉及罪与非罪；存疑不起诉是对证据标准的明确，与法定不起诉共同发挥对刑事立案、侦查活动的有效制约；相对不起诉是对起诉必要性的明确，具有兼顾公共利益考量的价值；切实防止出于各种因素将本该作法定不起诉的，作存疑或者相对不起诉。进一步加强不起诉案件公开听证，强化不起诉文书说理和释法解疑，把实质性化解矛盾纠纷与检察履职办案有机结合起来。

三是加强出庭公诉。出庭公诉是刑事检察的“看家”本领，务必高度重视出庭公诉工作，对重大疑难复杂案件，检察长、分管检察长要亲自办案、带头出庭支持公诉。充分利用疑难复杂案件、重大敏感案件、被告人不认罪案件等出庭公诉机会，锻炼提升出庭能力，有针对性提出和打磨出庭应对技巧和方案，打好庭审指控主动仗。探索加强公诉队伍分类、分层培养锻炼模式，既适应认罪认罚普遍适用后出庭简化的趋势，又能应对少数疑难复杂案件对抗性强的挑战。

四是增强审判监督实效。全国检察机关刑事审判监督工作整体平稳，各项工作总体向好。调研中也发现一些问题，抗诉线索来源狭窄，审查机制不够健全；应抗诉未抗诉；纠正审判活动违法力度不足，检察建议运用不够充分等。要牢固树立“精准监督”“接续监督”“确保法律统一正确实施”等刑事抗诉工作理念，严格把握抗诉必要性条件，坚持精准抗诉。将法律适用和程序适用错误的案件、人民群众反映强烈的影响性案件作为监督重点，注意以及发现社会舆论关注案件中裁判不公的问题，针对实践中存在的法院开庭后长时间不作出裁判的问题，加强审判活动监督，切实纠正“审而不判”。根据刑事审判违法和瑕疵的不同情况合理选择和适用监督手段，在重视抗诉的同时，也要重视运用纠正违法、检察建议、口头监督等方式提升监督效果。

第三，关于职务犯罪检察与监检衔接。刑事检察是惩治腐败的重要力量，在反腐败斗争中发挥着不可或缺的重要作用。推进执纪执法和刑事司法衔接，落实职务犯罪案件审查逮捕、审查起诉阶段监检衔接，规范留置与刑事强制措施的对接和相互转化。根据案件不同特点，正确把握提前介入的定位和尺度，把握好介入的案件范围和时机，防止介入工作随意性。纵深推进受贿行贿一起查，落实最高检《关于加强行贿犯罪案件办理工作的指导意见》，加大对行贿所获不正当利益的追缴力度。协同健全追逃防逃追赃机制，推动规范适用违法所得没收程序和缺席审判程序。

第四，关于经济犯罪检察。一是依法惩治经济金融领域犯罪。认真落实最高检《关于充分发挥检察职能作用依法服务保障金融高质量发展的意见》，依法惩治非法集资、洗钱、非法支付结算等各类金融犯罪；依法打击财务造假及关联犯罪，全链条追诉欺诈发行、违规披露等财务造假犯罪，同时深挖背信、侵占、挪用、行受贿等关联犯罪。坚决防止以保护地方经济发展、保护上市公司为名，对涉案公司、大股东、实控人、高管等不当从宽、违法从宽，大案化小、小案化了问题。

二是加强知识产权司法保护。深刻认识知识产权保护工作的重要性，围绕服务保障创新驱动发展战略实施，聚焦高新技术、关键核心技术等领域，突出对信息技术、人工智能、生物医药、新能源等新兴产业的知识产权司法保护。在一些知识产权办案任务较重的城市，可探索实行知识产权检察案件相对集中管辖，融合履行“四大检察”职能，提升专业化保护水平。知识产权检察专业性强、新型案件多、办理难度大，注重运用“智库”资源，进一步完善技术调查官、专业人员兼任检察官助理等专业技术人员辅助办案机制，提升办案质效。

三是依法惩治网络犯罪。深入贯彻落实《关于加强新时代检察机关网络法治工作的意见》，依法惩治网络谣言特别是政治谣言、网络暴力、网络水军等违法犯罪，依法打击电信网络诈骗特别是跨境犯罪。着力优化网络营商环境，重点打击通过线上敲诈勒索、造谣中伤、损害商业信誉等网络暴力手段侵害企业合法权益的违法犯罪，维护网络市场秩序。

第五，关于检察侦查。检察侦查是法律赋予检察机关的重要职能。检察侦查办案规模不断扩大，但需要进一步规范。突出办案重点，聚焦人民群众反映强烈的徇私枉法、徇私舞弊“减假暂”、虚假诉讼背后的民事行政枉法裁判等案件。探索建立检察侦查检监衔接机制，对于检察机关立案后认为不构成犯罪的违纪线索，依法移交纪检监察机关处理，推动“双向衔接”。机动侦查作为检察侦查的重要组成部分，进一步坚持质效为先、务必搞准的原则，严格执行法定立案条件和程序，稳妥加大办案力度，在侦办有影响、有震动、有引领意义的案件上下功夫，切实防止一哄而上、片面追求办案规模。

第六，关于刑事执行检察。完善“派驻+巡回+科技”监督机制，推动巡回检察按规划、常态化、高质效开展。推动依法规范适用“减假暂”，加强减刑、假释案件实质化审查，一方面加强对违规减刑假释的监督，防止权力滥用；另一方面监督应当减刑假释而没有依法减刑假释，防止权力怠于行使。深入落实《关于依法推进假释制度适用的指导意见》和《关于进一步规范暂予监外执行工作的意见》，既监督“纸面服刑”“提钱出狱”，又防止“该减不减”“该放不放”。加强被监管人死亡和监管事故的监督，对“减假暂”适用率低但罪犯因病死亡数量多、上升幅度较大的地方，联合监狱管理部门进行专项督导。

第七，关于几项具体工作。一是依法严惩重大恶性犯罪，维护社会大局稳定。“一杀多人”特别是报复社会的重大恶性犯罪，严重影响了人民群众安全感、幸福感。检察机关要切实提高政治站位，增强底线思维，对重大恶性案件及时依法介入引导侦查，依法从重从严从快追究刑事责任，有力震慑犯罪。同时注重对极端案件进行回溯分析，总结案事件反映出的司法办案、社会治理问题，提出对策建议，堵塞管理漏洞，维护社会稳定。扎实开展涉检信访和矛盾纠纷大起底大排查。对已办的信访申诉等案件进行大起底，对在办的刑事案件进行大排查，重点关注刑事案件是否涉及涉众型、劳资纠纷、婚姻家庭、房产物业等领域。对反复信访申诉、情绪激烈的当事人，加强风险评估预警，采取有效措施预防处置；对排查出的风险隐患和重点人员，及时报告，加强信息共享、联动管控处置。坚持和发展新时代“枫桥经验”，持续推进群众信访件件有回复，把释法说理贯穿司法办案始终，实质性化解涉检矛盾纠纷。深入推进刑事申诉等案件反向审视，及时发现、监督纠正自身办案存在的突出问题。以“检护民生”专项行动为抓手，充分运用刑事检察职能，维护妇女、儿童、老年人、残疾人等特定群体权益。聚焦重点领域、敏感时段、关键节点，加大对农民工讨薪、高校毕业生就业等权益刑事司法保障。加强检察听证工作，通过公开听证释疑解惑，帮助当事人缓解对抗情绪、不满情绪，解“法结”、化“心结”。加大司法救助力度，推动健全司法救助与社会救助衔接机制，帮助生活陷入困境的受害人解燃眉之急。

二是扎实推进“检察护企”专项行动。“检察护企”专项行动是检察机关推进法治化营商环境建设的重大举措，是对“远洋捕捞”等趋利性执法行为的有力监督。专项行动开展以来，各地检察机关围绕高质效办理涉企案件，扎实推进各项重点任务，成效明显。进一步抓好重点案件办理，加大对违法“查扣冻”企业财产、涉企“挂案”等的监督力度。及时总结成效、举一反三，形成可复制、可推广的经验，将“检察护企”专项行动常态化，以更高站位、更实举措、更严要求做好“检察护企”工作。以“检察护企”专项行动为契机，加强法治宣传，在全社会厚植法治意识、规则意识、契约意识，引导企业筑牢依法经营底线，营造公平有序市场竞争环境和法治化营商环境。

三是加强反“长臂管辖”涉外刑事检察工作。2024 年 11 月 14 日，最高检首次专门就涉外检察工作召开会议。应勇检察长强调，要完善反制裁、反干涉、反“长臂管辖”检察举措，加强涉外刑事检察工作，更加有力维护国家主权、安全和发展利益。最高检经济犯罪检察厅将组建反“长臂管辖”涉外经济犯罪专业研究团队，深入开展涉外刑事检察基础理论及前沿问题研究，做好别国对我“长臂管辖”的经济犯罪检察应对。各地要严格依法办理涉外刑事案件，大力加强国际刑事司法协助，严格落实重大敏感案事件请示报告制度，强化相关案件线索内部移送以及上级院的业务指导。把教育培训与实践锻炼紧密结合起来，培养出一批政治立场坚定、专业素质过硬、通晓国际规则、精通涉外法律实务的涉外刑事检察人才。

三、坚持守正创新、巩固提升，强化统筹、指导和管理，持续做优做强新时代刑事检察

第一，加强刑事检察的统筹协调和对下指导。上一轮检察机关内设机构改革将刑事检察从传统的捕、诉分工负责，转变为各刑检部门按罪名分工负责。改革加强了刑事检察部门专业化建设和对外对口沟通，但也带来刑事检察整体统筹、协调不够的问题，特别是逮捕、公诉、诉讼监督等刑事检察共性、全局性职能统筹研究和对下指导不够。为进一步强化统筹和指导，最高检设立了刑事检察工作指导小组，由分管刑事检察的院领导担任负责人，下设负责日常工作的办公室。刑检组在最高检党组领导下，加强对刑事检察全局性、协同性工作的研究指导、部署安排、统筹协调，强化对业务态势与共性问题的分析研判，拟重点开展以下几个方面工作：一是统筹各刑事检察部门落实最高检党组有关刑事检察工作的决策部署，确定目标任务，细化工作措施，科学分工安排，一体推进落实。二是研究刑事检察工作中的共性问题，包括指导各刑事检察部门开展“三个管理”，研判宏观业务数据，开展案件质量管理，分析重点案件类型、重点办案领域、重要业务态势，研究业务建设重点举措等。三是统筹开展刑事检察理论研究、检察官职业能力建设、人才队伍建设等工作。涉及各刑事检察部门的工作事项，由刑检组作出分工安排，相关部门负责具体落实。

第二，优化刑事检察管理。“一取消三不再”后，刑事检察管理任务更重、要求更高。刑事检察部门承担本部门案件管理、质量管理

主要职责，也承担对本条线业务管理具体职责，需探索构建覆盖办案程序、实体、效率、效果的案件质量综合管理体系。一是在保证数据真实、客观、准确的基础上，充分发挥业务数据的宏观分析研判功能，对履职办案质量、效率、效果进行全面深入分析，找准影响刑事检察办案质效的“症结”，为刑事检察高质量发展，提供更加科学全面的参考依据。二是将案件质量评价作为刑事检察管理的抓手，完善刑事案件质量评查机制，坚持常规评查、重点评查与专项评查相结合，分类分级推进案件质量评查。三是坚持“管案”和“管人”相统一，既通过责任追究，促进严格依法办案；又鼓励检察官担当作为，依法充分履职，引导检察人员树立和践行正确政绩观，把注意力和主要精力聚焦到高质效办好每一个案件和案件的每一个环节上。四是严格落实刑事案件管理责任，刑事办案部门是刑事案件管理的主责部门，要在案管部门的统筹管理监督下承担起业务管理、案件管理、质量管理的主体责任，上级检察机关的刑事业务部门要抓好本条线案件质量。

第三，坚持巩固提升。一是在完善刑事指控体系上迈出实质性步伐。落实党中央关于以审判为中心的刑事诉讼制度改革，关键要构建以证据为中心的刑事指控体系。牢固树立“证据定案”理念，严格贯彻证据裁判原则。注重在证据审查的基础上进行证明体系的构建，强化引导侦查取证、非法证据排查，夯实庭前阶段指控证据基础。围绕庭审实质化要求，强化庭审讯问询问、举证质证、法庭辩论等建设，切实提升指控证明犯罪、审查过滤把关能力。二是全面准确贯彻宽严相济刑事政策，加强对常见多发犯罪的治理。主动适应犯罪结构变化，遵循我国违法与犯罪二元制裁体系特点，准确落实宽严相济刑事政策，准确区分罪与非罪界限。借鉴醉驾案件治理经验，加强对常见多发案件的研究，完善违法与犯罪梯次治理模式。坚持公正与效率相统一，推动案件分类办理。坚持和发展新时代“枫桥经验”，把握矛盾化解最佳时机，促进矛盾化解。落实党的二十届三中全会部署要求，推动建立轻微犯罪记录封存制度。三是深化完善捕诉一体监督办案机制。审查逮捕和审查起诉在刑事诉讼中具有独立的功能定位和程序价值，在刑事诉讼中发挥着不同的作用，两者既紧密联系又相互区别。各地可根据实际情况探索在内部合理配置岗位职责，解决捕诉标准混同等问题。

四、坚持政治建设与业务建设融合推进，着力打造高素质、专业化的刑事检察铁军

第一，把加强党的政治建设放在首位。紧紧围绕推进中国式现代化这个最大的政治，深刻领悟“两个确立”的决定性意义，增强“四个意识”、坚定“四个自信”、做到“两个维护”，确保刑事检察正确政治方向。结合重大案件办理，不断提高检察履职办案的政治判断力、政治领悟力、政治执行力，夯实从政治上着眼、在法治上着力。把政治建设落到每项刑事检察工作、每个刑事案件办理中，严格落实重大事项请示报告制度。

第二，加强刑事检察基本能力建设。着力培养、提高刑事检察人员案件审查、案件处理、政策运用、扩大办案效果、数字检察等方面能力。统筹专业化建设和综合能力建设，强化业务培训和岗位练兵，完善业务竞赛选拔机制，发挥“十佳”“优秀”的带动作用，培养更多刑事检察业务“行家里手”。落实好《关于进一步加强人民检察院检察官助理管理工作的意见》，抓好优秀年轻助理培养工作。

第三，坚持纪律作风建设永远在路上。持续加强刑事检察队伍纪律作风建设，深入学习贯彻新修订的《中国共产党纪律处分条例》，持续深化纠治“四风”和司法不正之风。全面准确落实司法责任制的若干意见和司法责任追究条例；狠抓执行防止干预司法“三个规定”，有问必录、应报尽报。

牢牢把握刑事检察职能定位
做好刑事检察重点工作

苗生明 *

全国检察机关刑事检察工作会议充分肯定了过去五年全国检察机关刑事检察工作取得的成绩，全面总结刑事检察工作宝贵经验，就扎实做好新时代新征程刑事检察工作作出重要部署，为做好当前和今后一个时期刑事检察工作提供了重要遵循。深入学习领会会议精神，要重点把握以下几个方面：一是牢牢把握刑事检察职能定位和发展方向。应勇检察长深入分析新时代新征程刑事检察所面临的新形势新任务，指出刑事检察全过程参与、全流程监督刑事诉讼，是检察机关的基本职能，是中国特色刑事司法制度优越性的重要体现，是追诉犯罪、维护稳定、保障人权、守护公正的重要力量。加强和深化刑事检察基本职能建设，回归刑事检察本职本源，确保刑事检察行稳致远，是最高检党组向全国刑检系统发出的明确信号。二是依法全面履行刑事检察各项职权。应勇检察长指出，逮捕、起诉、刑事诉讼监督等刑事检察基本职能，只能加强、不能削弱。持续做优做强刑事检察工作，最根本的是要依法全面履行刑事检察职权。要依法严格准确把握逮捕条件，健全社会危险性评估机制，坚决防止该捕不捕和构罪即捕。依法、准确、规范适用不起诉，既要防止该用不用，又要防止不该用而用，尤

---

* 苗生明，最高人民检察院党组成员、副检察长。

其要防止混同三种不起诉类型错误适用。牢固树立监督意识，持续加强对刑事立案、侦查、审判、执行等诉讼活动全流程监督，对于严重违法情形，敢于监督、善于监督、依法监督、规范监督。三是全面落实司法责任制、加强“三个管理”。应勇检察长强调，要通过管理，进一步落实和完善司法责任制，既促进严格依法办案、公正司法，又鼓励担当作为、依法履职。各级检察机关刑事检察部门要树立和践行正确政绩观，正确认识司法责任追究与保护鼓励担当的关系。司法责任越明晰，责任追究越严格，越有利于促进依法办案、公正司法；也正是有了清晰的责任界定和依法严格追责，才更有利于鼓励担当作为、依法履职。四是充分认识锻造高素质刑事检察队伍的重要性。做好新时代新征程刑事检察工作，关键靠一支忠诚干净担当的刑事检察铁军。各级检察机关要结合本地实际，采取有力举措，加强刑事检察队伍素质能力建设，为加强刑事检察工作提供人才保障。

一、关于常态化扫黑除恶斗争

扫黑除恶常态化以来，全国各级检察机关工作开展整体较好。但从督导和调研情况看，也还存在部分地方扫黑除恶工作抓得不实、不牢，重视不够，“一般化”问题较为突出等问题。应当认识到，黑恶犯罪危害严重，关系社会稳定大局，黑恶势力滋生的经济社会基础和土壤依然存在，遏制、铲除黑恶势力仍是一项长期而艰巨的任务。

第一，提高政治站位，深刻认识扫黑除恶斗争的重要性。党的二十大报告和二十届三中全会《决定》对常态化开展扫黑除恶斗争作出专门部署。各级检察机关要全面贯彻落实党中央部署，充分认识扫黑除恶的长期性、复杂性、艰巨性，坚持长期斗争、久久为功。要深化落实关于健全领导机构、建立健全常态化扫黑除恶专业力量的工作要求，持续加强扫黑办建设，加强组织、制度和物质保障，确保常态化扫黑除恶斗争专人、专职、专业化运行。

第二，加大办案力度，保持依法惩治高压态势。常态化扫黑除恶斗争核心任务就是“防滋生、打新增”，必须保持“严”的震慑。要立足批捕起诉和立案监督职能，提升涉黑涉恶线索发现、核查能力。对黑恶组织惯常实施的犯罪警情、线索、案件，重点审查、串并分析、建模深挖，会同公安机关及时发现掌握因乱生恶的动向、由恶变黑的信号。要依法严惩宗族黑恶势力犯罪，依法严惩利用未成年人、在校学生实施黑恶犯罪，紧盯自然资源、工程建设、交通运输、金融放贷、黄赌毒等黑恶势力高发的传统领域，加大信息网络等新领域涉黑涉恶犯罪惩治力度。要加强捕诉部门与检察侦查部门协作配合，对涉黑涉恶案件实行逮捕起诉与检察侦查联合办案模式，依法查处司法工作人员职务犯罪，一体推进扫黑除恶与破网打伞。

第三，坚持扫黑除恶法治化、规范化、专业化，注重案件办理质效。要切实完善相关制度机制，把省级院对涉黑和重大涉恶案件统一把关、市级院对其他涉恶案件统一把关制度落到实处，真把关、严把关，做到是黑恶一个不漏，不是黑恶一个不凑。既要深挖潜藏很深的黑恶犯罪，又要配合公安机关打早打小，还要准确认定犯罪性质，尤其对于尚处于恶势力初级阶段的犯罪，不能拔高认定。要管好、用好全国常态化扫黑除恶专家人才库，加强人才培养和队伍培训。对重大涉黑恶案件，各省级院要筛选辖区内骨干力量、选派专家骨干人才参与会诊指导，确保办案质量。对舆情案件频发、扫黑工作基础薄弱的省市，最高检将统筹探索推进工作较好的省市结对帮扶，帮助改进办案理念，提高办案能力。

二、关于加强疑难复杂案件指导和重大敏感案件督办

疑难复杂和重大敏感案件事关执法司法认识统一和重大社会影响，案件处理不好，更容易引起社会诟病、网络舆情，影响司法公信和权威。对其加强指导和督办是各级检察机关尤其是上级检察院加强案件管理和质量管理的重要方面。必须清醒看到在这方面还存在一些突出问题，既有重大敏感案件下级检察院不能及时报告或者完全没有上报意识的情况，也有上级检察院督办指导不力的情况，包括上级检察院未能及时发现问题介入督办指导，督办指导力度不够、方式不当、效果不好等问题。有些热点敏感案件，其影响已经远远超出一个地区的范围，在提前介入、审查逮捕环节未及时向上级检察院报告，因处置不当致使案件陷于被动，影响办案效果。各级检察机关要高度重视疑难复杂和重大敏感案件的指导、督办，将其作为刑事检察案件管理和质量管理的重要内容，通过有力并有效的指导和督办做实高质效办好每一个案件。

第一，关于疑难案件指导。首先，要明确指导的案件范畴。一般而言，需要上级检察院加强指导的案件，通常是在事实认定、证据采信、法律适用以及政策把握等方面存在争议或者重大分歧的疑难案件。这些疑难案件不一定是大案、要案，也可能是较为常见的小案，案情既可能复杂，也可能较为简单，但一定是具有难点、争议点，需要在上级检察院乃至最高检层面研究指导，以统一司法标准，促进办案效果。其次，分清不同指导类型的效力。刑事案件指导主要有三类：第一类是，案件存在重大法律适用分歧、事关重大政策把握等问题，按照程序经本级院检委会讨论决定后，向上级检察院请示。对这类案件，上级检察院经研究以院名义答复的意见，属指令意见，下级检察院必须执行。第二类是，各刑检条线以部门名义向上级检察院请示的案件，

上级检察院经审查后给出的意见，属指导性意见，下级检察院原则上要执行。如果认为上级检察院指导意见确有错误或明显不妥的，应该及时反馈并提请院级层面的研究指导。第三类是，以电话等方式就案件办理中遇到的疑难和争议问题向上级检察院领导、部门负责人或者检察官寻求指导，上级检察院有关人员的答复可供下级检察院办案参考，总体上属于咨询性质类指导意见。

第二，关于重大敏感案件督办。重大敏感刑事案件，因案情重大、政治敏感或者影响广泛，上级检察院应当对承办案件的下级检察院进行全程督办、指导协调，并对案件各诉讼环节的处理意见予以审查把关。关于督办案件的范围，主要根据案件来源、案件性质、特殊群体、案件影响等方面来把握对上级检察院督办案件，下级检察院应当对案件的事实和证据负责，严格审查证据，准确认定事实，对案件处理提出明确的拟处理意见，并及时向上级检察院报告。上级检察院在督办时，应当全面审查下级检察院报送的案件材料，听取下级检察院汇报，必要时阅卷审查，及时研究提出指导意见或者作出处理决定，并协调推动解决下级检察院案件办理中遇到的问题。

第三，关于强化案件指导和督办的具体要求。近年来，最高检先后出台了一系列关于案件指导和督办的规定，并在多个场合反复强调疑难复杂和重大敏感案件指导和督办，下一步最高检将进一步整合，出台规范意见。对于这些规定，要反复学、认真用。一是切实增强敏感性，确保第一时间发现敏感案件。各级检察机关特别是基层院在办案中，一定要注重分析研判案件背后的敏感因素，要注意到罪行严重程度与影响大小并不成正比，要以影响力和可能产生的影响大小来研判敏感程度和风险大小。特别是一些常见的小案，往往容易被忽视，一旦被炒作，常引起轩然大波。务必增强敏感性，加强审查，严格落实层报制度，强化风险评估。二是坚持“三个善于”，确保案件质效。具体来讲，要把住“四关”：把住事实证据关，坚持证据裁判原则，做到事实清楚，证据确实、充分，这是基础；把住程序适用关，因舆情引起的敏感案件，每一个细节都有可能成为舆论炒作的热点，办案程序上不能出现任何问题，不能有瑕疵，更不能程序违法，还要做到司法行为规范、法律文书严谨；把住法律适用关，准确适用法律条文，准确区分罪与非罪、此罪与彼罪、罪重与罪轻；把住案件效果关，既要注重案内事实，又要注重案外背景、政治视角考量与价值层面的实质判断，避免机械司法，让案件办理更好契合人民群众生活经验常识和对法治的基本认知判断。三是切实增强请示报告的及时性和主动性。严格落实中政委和最高检相关文件规定，及时、主动请示报告。还要强调的是，向最高检请示报告时，省级院必须先行认真研究，有明确或倾向性意见。四是做好“三同步”工作。要做好舆情和风险研判，制定舆论应对预案，做好社会面管控、矛盾化解和舆论引导工作，对重要信息要及时上报、及时处置。正确客观对待涉检负面舆情反映办案中存在的问题，坚持独立判断，依法办案，对负面舆情不回避、不遮掩，妥善处理来自媒体、社会舆论的压力。五是加强组织领导。对疑难复杂和重大敏感案件，各级检察机关院领导要重视，检察长要靠前指挥，亲力亲为，确保办案效果。

三、关于认罪认罚从宽司法制度的深化适用

第一，必须坚持法定证明标准，确保案件质量。最高检反复强调办理认罪认罚案件，要始终坚持法定证明标准，防止因认罪认罚而降低证据要求和证明标准，防止出现“顶包”或者抓错人。这是办理认罪认罚案件的底线要求。还要严格把握罪与非罪、违法与犯罪界限，

是否认定犯罪，是法律判断，不由犯罪嫌疑人认罪而定。

第二，关于认罪认罚的自愿性、真实性、合法性。保障认罪认罚自愿性、真实性、合法性是制度深化适用的关键所在。其中，“自愿性”是核心，“真实性”是基础，“合法性”是前提。办理认罪认罚案件，要充分保障犯罪嫌疑人、被告人认罪认罚的自愿性、真实性、合法性，加强对认罪认罚自愿性、真实性、合法性的审查，防止非自愿认罪认罚、虚假认罪认罚和强迫认罪认罚。

第三，关于认罪认罚共同犯罪的并案和分案。对这个问题，我们专门与最高人民法院进行过沟通，基本意见一致，就是共同犯罪案件部分被告人认罪认罚的，以并案起诉、并案审理为原则，分案起诉、分案审理为例外。分案起诉、分案审理，必须是合并审理难以保证庭审质量和庭审效率的情况下适用，不能简单以认罪和不认罪作为区分标准进行分案。

第四，关于辩护权保障。重点讲三个问题。一是“占坑式辩护”问题。一段时间以来，“占坑式辩护”问题屡屡引发舆情，有损司法机关形象。辩护权是被告人的基本权利，必须依法充分保障。认罪认罚案件，犯罪嫌疑人没有委托辩护人，检察机关依法通知辩护或者指派值班律师后，犯罪嫌疑人的监护人、近亲属又代为委托辩护人的，应当允许受委托律师同在押的犯罪嫌疑人会见，当面核实犯罪嫌疑人本人意愿，是选择继续接受法律援助，还是接受委托律师辩护，以切实尊重当事人选择权，充分保障其依法享有的辩护权。二是保障律师依法提出意见。调研中，律师反映较为集中的一个问题就是检察机关往往签署具结时才告知量刑建议，没有为律师提出意见留出充足时间。今后办理认罪认罚案件，必须在签署具结书前为辩护人或者值班律师提出意见留出必要的时间。三是做好审查起诉阶段律师辩护全覆盖工作。党的二十届三中全会对推动刑事案件辩护全覆盖作出明确部署。审查起诉阶段律师辩护全覆盖试点也已开展两年，总体看，效果明显，但也存在着覆盖范围不够、通知辩护律师履职质效有待提升、经费保障不足等一些突出问题。中央层面正在研究深化，各地也要结合实际，联合司法行政机关深入推动这项工作，逐步扩大试点地域和案件范围，推动提升法律援助质效。

第五，关于提升量刑建议合法性、恰当性。最高检党组反复强调，量刑建议要努力做到合法、恰当。一是注重量刑建议说理。针对实践中反映的量刑建议说理不充分，确定刑量刑建议有量刑结果而无量刑过程，有量刑结论而无量刑论证的问题，要进一步加强量刑建议说理工作，充分阐释量刑建议的具体内容，特别是量刑建议形成的具体过程，包括量刑起点、基准刑、量刑情节及对应从宽、从重幅度等。二是充分与律师沟通，听取意见。量刑协商不充分、部分检察官抵触、回避与辩方沟通是实践中较为突出的问题。办理认罪认罚案件，一定要更加注重与律师的沟通，提出量刑建议前要充分听取犯罪嫌疑人及其辩护人或者值班律师的意见，未采纳意见的要及时反馈和解释说理。

关于认罪认罚从宽司法制度适用中存在的审查不细、不严导致案件质量不高，以及出庭能力下降的问题。这些问题在各地不同程度存在。比如审查报告的撰写，普遍存在事实认定、证据分析以及法律适用简单化问题，尽管是认罪认罚案件，事实认定该写详细要写详细，证据比较复杂有矛盾，就要详细进行证据分析。写好审查报告是基本功，是办好案件的基础，基本功不扎实不规范，谈何高质效？又如一些起诉书过于简单概括，导致指控不明。再如出庭公诉能力下降，许多年轻检察官驾驭应对复杂庭审能力明显不足。各级检察机关要高度重视，采取有效措施，切实加强对检察官审查证据、文书撰写、出庭公诉、释法说理能力等基本能力的培养，对认罪认罚案件要加强审查，严把事实关和证据关，强化适用普通程序案件出庭指控，确保案件质效。

四、关于加强对监狱、看守所刑罚执行和监管活动的监督

当前，刑罚执行和监管执法仍然存在比较突出的问题。有的罪犯在监区赌博、违规使用手机；有的被监管人非正常死亡、脱逃、感染传染病；有的教育改造不到位，罪犯刑满释放后重新犯罪率较高；有的不正确适用“减假暂”，从“乱作为”转向“不作为”。各级检察机关要加强对监狱、看守所刑罚执行和监管活动的监督，完善“派驻＋巡回＋科技”检察监督机制，最高检将组织在押人员死亡及刑满释放人员再犯罪专项巡回检察，各地可以针对辖区内重点监所、突出问题开展专项巡回检察。当前特别要注重查办监管场所职务犯罪，聚焦徇私舞弊“减假暂”、滥用职权“捎买带”、虐待被监管人等重点问题，加强对于“大墙内”职务犯罪线索的发现能力，加大侦查办案工作力度，清除执法司法队伍中的“害群之马”。

五、关于刑事检察规范化建设

刑事检察规范化建设是“三个管理”的重要组成部分，也是各项管理的基础保障。从刑事检察整体看，规范化建设还有待加强，一些执法司法不规范现象背后既有规范体系不健全问题，也存在不学习不执行现有规范的问题。各级检察机关要把刑事检察规范化建设摆在重要位置，以规范化建设为一体落实“三个管理”提供保障。

第一，要加强对现有规范性文件的学习。近年来，最高检出台了一系列的司法解释、规范性文件，比如认罪认罚从宽司法制度全面实施以来，最高检单独或者联合出台了十个规范性文件。但是，调研发现，有的检察官对文件学习不够，甚至不知道出台了相关文件，对文件中已经作出明确规定的问题、已经予以解决的问题仍然不知所措、困惑难解，甚至做出与规定相反的做法。各级检察机关要高度重视文件学习，既要学习最新法律司法解释和规范性文件，也要注重规范的传承，加强对以往仍有效的规范性文件的学习。各级院领导要带头学习，通过检委会、检察官联席会、业务部门会等形式组织全体刑事检察人员学习，务必吃透把准有关规定精神，务必将学习文件与办理案件结合起来。

第二，要严格执行现有法律司法解释和规范性文件。实践中各地在执行法律司法解释和规范性文件上有时还存在理解偏差、执行不到位，甚至不执行的问题。“一分部署，九分落实。”各级检察机关要高度重视法律司法解释和规范性文件的执行落实，时刻对照法律司法解释和规范性文件要求规范检察行为，不折不扣执行好现有文件规范，避免出现有文件不落实导致案件质量不高甚至办错案。下一步加强案件评查、责任追究，各类规范就是依据。

第三，要进一步健全完善刑检规范体系。健全公正执法司法体制机制离不开执法司法规范化建设。要进一步健全刑事检察权行使规范体系，完善办案程序规范，加强办案标准化建设，从源头上减少不规范行为发生。近年来，最高检加强对不同犯罪办案基本规则、证据收集、法律适用、司法政策等问题的分类总结，先后出台了一系列类罪办案指引，各地也结合实际，制定了一系列办案规范文件。接下来，最高检将根据新情况新问题，对审查逮捕、审查起诉案件质量标准进一步修改完善，出台不起诉、机动侦查等规范性文件，各级检察机关特别是各省级院也要加强对现有制度规范的“立、改、废”工作，提高制度执行力，不断提升刑事检察规范化水平。

Yanjiu Dongtai
研究动态

以高水平刑事检察理论研究推动刑事检察高质量发展
——2024 年刑事检察理论研究综述

侯亚辉　杨先德 *

2024 年，全国检察机关刑事检察部门深入践行习近平法治思想，认真落实党的二十大、二十届三中全会精神和最高检工作部署，依法履行审查逮捕、审查起诉、诉讼监督等各项职能，实务界、理论界关于刑事检察工作的研究热度不减，有力推动了刑事检察工作高质量发展。2024 年刑事检察工作出现了一些新理论、新论述，在刑事检察职能履行、认罪认罚从宽制度适用、刑事诉讼法修改等方面，涌现了一些具有很强的理论性、实践性和创新性的研究成果，值得梳理总结和深化研究。

一、关于刑事检察基本职能任务的理论创新

2024 年 11 月，最高检召开全国刑事检察工作会议，应勇检察长在会议上对新时代新征程刑事检察工作的职能定位、特点和发展方向做了新的全面论述，提出了“一个基本，两个全程，五个重要”的重要论述。应勇检察长指出，刑事检察全过程参与、全流程监督刑事诉讼，是检察机关的基本职能，是中国特色刑事司法制度优越性的重要

* 侯亚辉，最高人民检察院检察委员会委员、普通犯罪检察厅厅长；杨先德，最高人民检察院普通犯罪检察厅四级高级检察官助理。

体现，是追诉犯罪、维护稳定、保障人权、守护公正的重要力量。刑事检察是检察机关“刀把子”功能最重要的体现。刑事检察处在维护社会稳定的第一线。刑事检察担负着惩治经济犯罪、维护经济安全的重要职责。刑事检察是反腐败斗争的一支重要力量。刑事检察是预防和治理未成年人犯罪的重要一环。[①]上述论断系统、全面、深刻，充满实践性和理论性，是对刑事检察积累的经验的深刻总结和规律性认识，是习近平法治思想在检察领域的新运用，为今后一个时期刑事检察实践、刑事检察理论研究以及刑事检察领域改革提供重要遵循、指明工作方向。

为指导做好新时代刑事检察工作，一是要深刻领会和把握“要让高质效办好每一个案件成为新时代新征程检察履职办案的基本价值追求”。二是要深刻领会和把握“三个善于”。即善于从纷繁复杂的法律事实中准确把握实质法律关系，善于从具体法律条文中深刻领悟法治精神，善于在法理情的有机统一中实现公平正义。三是要深刻领会和把握“检察履职要回归到办案基本职责上、回归到具体案件办理上”。四是要深刻领会和把握“坚持法定职权必须为，依法全面履行刑事检察职权”。坚持法治思维和法治方式，坚持法无授权不可为，恪守刑事检察权力边界。五是要深刻领会和把握“一取消三不再”、一体抓好“三个管理”。刑事检察部门要承担本部门案件管理、质量管理的主要职责，也要承担对本条线业务管理的具体职责。

① 《全面加强新时代新征程刑事检察工作，切实维护国家安全、社会安定、人民安宁——全国检察机关刑事检察工作会议在福州召开》，载《检察日报》2024年11月21日头版。

二、关于刑事检察重要职能研究

（一）关于构建以证据为中心的刑事指控体系

最高检提出，落实党中央关于以审判为中心的刑事诉讼制度改革，关键要构建以证据为中心的刑事指控体系。以证据为中心的刑事指控体系构建，既涉及检察机关捕诉以及监督职权的加强和优化，也涉及与侦查、审判职能关系的协调配合。有论者认为，以证据为中心的刑事指控体系可以理解为“构建以证明标准为中心的刑事指控证据体系”，具体而言要坚持刑事证明的最高标准，进一步完善适用“排除合理怀疑”的证明标准，同时注重证明标准适用的外部保障机制建设，如完善侦诉协作配合和监督机制、完善证据审查机制、完善证明方法等。[①] 有论者认为，推动构建以证据为中心的刑事指控体系，需要继续扩容类案证明指引，更新完善逮捕、公诉、立案监督、抗诉监督、执行监督案件质量标准，推动侦查监督与协作配合机制实质化运行。[②] 以证据为中心的刑事指控体系，目的是通过强化检察机关指控和证明犯罪的责任，提升刑事案件的质量，最终服务于构建公正高效的刑事司法体制。有论者提出，构建以证据为中心的刑事指控体系，是检察机关在诉前阶段发挥主导作用的必要前提，是推动法律监督机制现代化的必然举措。检察机关应推动侦查监督与协作配合机制实质化运行，依托建立的侦查监督与协作配合办公室，对重大案件适时介入并引导公安机关规范收集证据、补正证据瑕疵；应当着力完善检察官出庭支持公诉机制，重点把握好法庭调查和法庭辩论两个重要环节，在事实

---

① 熊秋红：《以证明标准为中心的刑事指控体系之构建》，载《中国检察官》2024 年第 3 期。

② 刘艳华、姜园园：《检察机关推动构建以证据为中心的刑事指控体系研究》，载《人民检察》2024 年第 14 期。

证据调查认定方面提高应诉能力。[①]

针对有研究提出的所谓“检察官司法”“检察中心主义”质疑，有论者认为，在以审判为中心的诉讼制度改革、认罪认罚从宽制度以及检察机关自身改革带动下，形成了局部意义上的“检察官司法”，但是这种局部现象与“以审判为中心”并不冲突，也不存在所谓“以检察为中心”，检察官在前端审查把关作用的增强，可以提高案件审查质量并发挥对侦查权的制约功能，认罪认罚从宽制度推动的案件程序分流也有利于释放“以审判为中心改革”的落地空间，在新的形势下检察机关可以在司法公正和司法人权保障方面发挥更为积极的作用，因此，局部意义上的“检察官司法”不失为刑事司法制度良性发展的正确方向。[②]

（二）关于犯罪结构变化下的犯罪治理研究

犯罪结构变化下的犯罪治理成为 2024 年刑事司法研究的一个重大课题，实务界和理论界广泛参与了讨论，关于该问题的认识不断深入，形成了一些理论共识。近些年来，我国刑事犯罪结构发生了深刻变化，刑事案件数量总体大幅增长，但其中严重暴力犯罪持续下降，轻微犯罪大幅上升，判处 3 年有期徒刑以下刑罚的案件占比从 1999 年的不到 55% 上升至 2023 年的 85% 以上。正是由于犯罪态势与犯罪结构发生重大变化，犯罪出现轻、重分层的明显特征，需要包括检察机关在内的所有司法机关，根据重罪和轻罪不同特点进行分层治理，推动刑事诉讼模式向更有利于国家治理现代化的方向转型，以适应新时代经济

① 程雷、曹佳涵：《法律监督机制现代化探析》，载《人民检察》2024 年第 7 期。

② 张建伟：《刑事诉讼结构中的“检察官司法”》，载《比较法研究》2024 年第 6 期。

社会全面高质量发展。[①] 普遍认为，新的犯罪结构下，要继续坚持宽严相济刑事政策，宽严相济的核心要义是区别对待，宽中也有严，严中也有宽。要坚决依法从重从严从快惩治重大恶性犯罪，坚持“严”的震慑毫不动摇。针对轻微犯罪一般要坚持宽缓的政策取向，但不是一律从宽，有从重处罚情节、主观恶性大的，也要依法从严，该逮捕的依法逮捕，该起诉的依法起诉；严重犯罪原则上应当“严”的同时，对有从宽情节的或者从犯、胁从犯，也要依法从宽。

在讨论中，普遍认为，轻微刑事案件的增加与刑事立法的积极主义有关，立法上增加了大量轻微犯罪罪名是轻微犯罪案件增加的重要源头，为适应犯罪治理的形势，需要改革我国的刑罚制度、完善多层次诉讼程序、完善行刑反向衔接机制、建立轻微犯罪记录封存制度等配套制度。[②] 有研究认为，按照法定刑是否为 3 年以下有期徒刑或者管制、拘役来区分界定重罪和轻罪较为合理。也有论者认为，我国可以采用重罪、轻罪和微罪（法定刑为拘役以下）的三分法。有论者认为，对轻微犯罪不是都从严或从宽，要分类处理，对轻微犯罪中情节恶劣的，也要依法从严从重处理。有论者认为，在积极刑法立法背景下，刑事检察工作应当追求具体个案的实质公正，强化罪名确定和量刑建议的公正，完善审查逮捕及非羁押强制措施适用规则、机制、方式，探索符合新时代治理特征的起诉裁量权和量刑建议权，探索构建出罪机制，探索出罪后的司法处分权。[③]

---

① 侯亚辉：《轻罪治理已是时代课题》，载《中国新闻周刊》2024 年 7 月 29 日总第 1150 期。

② 曹化、张建伟等：《轻罪治理现代化的检察制度构建》，载《中国刑事司法》2024 年第 4 辑。

③ 燕艳、韩彦霞：《论积极刑法立法下刑事检察的发展》，载《山西高等学校社会科学学报》2024 年第 6 期。

（三）关于大数据法律监督研究

2024年，数字检察战略深入实施，检察机关加大大数据监督模型研发应用，法律监督工作取得较好的成效。同时，围绕数字检察与检察机关监督职能履行的关系以及如何完善大数据法律监督的研究成为一个热点。有研究认为，运用大数据开展法律监督是检察机关破解监督瓶颈、优化监督流程、重塑监督模式的一项重大变革，也是新时代实现法律监督质效飞跃的关键变量。在新形势下，强化大数据赋能法律监督，应当进一步强化问题意识、需求意识、治理意识，遵循“个案办理—类案监督—系统治理”的办案思路；加强数字检察规范建设，如建立科学的数据责权制度、公民个人信息分级查询授权制度；加强数据管理，注重数据融合和风险防范，构建数据的内外、上下多跨协同生态体系等。[①]有论者认为，大数据法律监督必须符合监督本质，大数据法律监督主要是对检察法律监督的形式、方法、领域的变革和拓展，而不是检察法律监督权力的补强或者扩张。大数据法律监督的运行逻辑是监督而非侦查，应当注重个案监督与类案监督并重，在刑事检察领域通过大数据方法运用，可以在获取监督线索、开展证据审查和刑事类案监督方面有更大作为，从而加强检察权在刑事诉讼过程中的监督制约，解决刑事检察监督“不强”的问题。[②]

近年来，随着数字检察赋能检察监督不断推进，侦查监督与协作配合机制逐步落实，检察机关侦查监督工作取得新的成效和进展，也出现了新的特点。最高人民检察院副检察长苗生明在《人民检察院刑

---

① 翁跃强：《大数据分析在法律监督中应用》，载《国家检察官学院学报》2024年第1期。

② 张杰：《检察大数据法律监督的法理逻辑与视域诊定》，载《上海师范大学学报（哲学社会科学版）》2024年第6期。

事立案监督制度的发展与完善》一文中，详细梳理了我国刑事立案监督制度从实践探索到立法确认、再到制度完善的发展过程，深入论证了立案监督制度在刑事诉讼实践中有效发挥的纠正立案活动违法、及时准确惩罚犯罪、严格控制程序启动、保障公民合法权利的重要作用，逐步形成了较为完善的理论体系和制度实施体系，并指出面对新时代新发展新情况新任务，有必要从不同层面持续推动立案监督业务创新、方式创新、机制创新、能力创新和治理创新。比如建议将“建议行政执法机关移送”纳入立案监督制度体系；加强刑事立案环节的协作配合，增加“建议立案”，提升打击犯罪合力；加强刑事“挂案”清理中的监督协作，增加“建议撤案或终止侦查”；建议恢复原刑诉规则中关于机动侦查立案监督案件的规定等。①

（四）关于行刑反向衔接机制研究

随着不起诉案件的增多，不起诉案件反向衔接行政处罚等非刑罚处置措施的需求和实践增加，相关的理论研究也更加深入。最高检反复强调，要依法规范办理反向衔接案件，严格把握“可处罚性”原则。有论者指出，行刑反向衔接机制运行存在反向衔接制度供给不足，刑法与行政法存在法律衔接障碍，检察机关与行政机关存在部门衔接和监督障碍等问题，建议细化“可罚性”标准，统一规范形成指引；强化内部协作，完善融合履职机制；畅通外部衔接，健全跟进反馈机制；打通数据壁垒，实现科技赋能衔接。②有论者认为，行刑反向衔接的理论根据是行政犯从属性、独立性以及法秩序统一原理，根据不起诉

① 苗生明：《人民检察院刑事立案监督制度的发展与完善》，载《国家检察官学院学报》2024 年第 6 期。

② 李华伟：《检察视域下行政执法与刑事司法反向衔接机制实证研究》，载《中国法治》2024 年第 10 期。

的类型，可以将反向衔接划分为刑事责任型和线索移送型反向衔接，前者本质上是对构成犯罪的案件进行非刑罚化的处置，需要由刑事检察部门主导进行实质性审查并提出行政处罚的具体意见，而后者是证据不足不起诉或者法定不起诉后将行政违法线索移送行政部门，由行政机关依职权决定如何处罚。[①]

行刑反向衔接的文书载体是检察意见书，关于检察意见的性质、效力，在理论和实践中存在争议。有论者认为，检察意见是检察机关在监督刑事诉讼及其关联活动中提出的具有专门性的司法意见。检察意见对于刑事诉讼及其关联执法活动具有一定的法律约束力，这是检察机关在刑事诉讼中的法律监督职能决定的。为更好发挥检察意见作用，需要进一步明确检察建议和检察意见的不同适用范围和不同类型，检察意见是检察机关依法履行法律监督职责过程中，针对特定情形提出意见的法律评价和建议。可根据司法实践关于检察意见的现实需求及现行法律关于检察意见适用的特定情形，以法律或司法解释的方式，将检察意见的类型重新作出科学划分，比如可以将检察意见类型划分为：不起诉检察意见、纠正错误检察意见和核准类检察意见。[②]

三、关于认罪认罚从宽制度适用研究

经过6年的发展，认罪认罚从宽制度适用更加成熟，在新的共识逐渐形成并稳固的基础上，理论研究的内涵和外延也不断延伸和拓展。

---

① 李勇：《检察环节行刑反向衔接类型化规则构建》，载《中国检察官（司法实务版）》2024年第3期。

② 拜荣静、罗桂霞：《检察意见在我国法律体系中的角色、调整和前景》，载《宁夏社会科学》2024年第5期。

（一）关于认罪认罚从宽理论内涵、外延

随着认罪认罚从宽制度深入实施，理论界对该制度的内涵外延、价值功能和改进方向有更加深刻的认识和研究。有论者从构建中国特色社会主义法治体系的角度，提出认罪认罚从宽制度是习近平法治思想在深化司法体制改革中的具体表现，从系统性以及完整性两个角度看，我国当下的认罪认罚从宽制度迈出了控辩协商“简者更简”的第一步，而要让“人民群众在每一个司法案件中感受到公平正义”亟须迈出“繁者更繁”的第二步，以推动加快建设公正高效权威的社会主义司法制度。[①]有论者认为，从各方面的评估结论看，认罪认罚从宽制度实施的总体效果应当予以肯定，但实践中也存在一些突出问题，比如关于适用范围存在争议，建议刑事诉讼法修改时可以吸收“两高两部”《关于适用认罪认罚从宽制度的指导意见》中“所有刑事案件都可以适用认罪认罚从宽制度”的规定，同时可以增加对部分情节特别恶劣的案件认罪认罚的由司法机关决定是否从宽处理的规定。[②]

有论者认为，对照世界范围内兴起的从对抗性司法到合作性司法的“第四范式刑事诉讼革命”，我国现行的认罪认罚从宽制度距离比较法视野中的刑事诉讼“第四范式”还有差距。有必要以刑事诉讼法第四次修改为契机，提倡犯罪治理、合意真实、协商司法及功能主义的司法理念，探索构建中国式的认罪协商制度。可以将认罪协商制度的适用范围限定为轻罪案件，并对相关程序规则归纳整合，置于“特别程序”一编，建立保障控辩实质协商程序机制，探索更具分流意义

① 冀祥德：《习近平法治思想指导下的认罪认罚从宽制度》，载《政法论坛》2024 年第 5 期。

② 熊秋红：《认罪认罚从宽制度的实践分歧及其回应》，载《比较法研究》2024 年第 5 期。

的审前转处程序，选择更具功能性的诉审衔接方式。[①]有论者认为，合作型司法的正义向度在于以合作发现隐性真实，所基于的是不断被动态矫正的分配正义和满足公民理性利益的刑罚观。作为中国语境下的合作型司法，认罪认罚从宽制度具有权利本位的基本特征。其正义的谱系应以递进方式展开，体现在合作前的处分任意性、合作中的证据“裁判”以及对利益后果的确认。认罪认罚从宽制度宜从重罪案件的适用困境突围，寻求价值目标的多极化控制，强化检察主导下的平等合作与准入机制，以证据“裁判”统摄合意型事实的生成，并明确审判的救济性职能。[②]

（二）关于认罪认罚从宽制度司法适用中的控审、控辩关系

认罪认罚从宽制度适用中，控审关系方面主要围绕检察机关量刑建议权和法院定罪量刑权的配置和关系的争议较多，这里涉及设置认罪认罚从宽制度的初衷、功能以及量刑建议的属性的不同认识。有论者认为，实然状态中异化了的控审关系，从类型上可以划分为积极冲突、消极冲突和“沟通过剩”，原因涉及控审理念冲突、诉讼重心转移下权力与责任配置的错位，以及审方对于控辩合意的真实性与控方提出量刑建议能力的质疑。控审关系异化会损害被追诉人利益、制度公信力乃至司法权威性。应然状态下的控审关系应在实现理念“双向奔赴”的同时，建构与权力重构相匹配的法官卸责机制，健全旨在提升合意真实与量刑能力的配套制度。[③]有论者认为，量刑建议是控辩

① 卞建林、张可：《构建中国式认罪协商制度：认罪认罚从宽制度的反思与重构》，载《政法论坛》2024年第7期。

② 陈高鸣：《合作型正义：逻辑、谱系与进路——以重罪案件适用认罪认罚从宽程序为视角》，载《政法学刊》2024年第8期。

③ 韩东成：《认罪认罚从宽制度中的控审关系》，载《犯罪研究》2024年第5期。

双方关于量刑的共同意见，甚至还体现了被害人的意见，具有合意性。建议在刑事诉讼法新一轮的修改中，针对认罪认罚案件量刑建议，应在准确定位其性质与效力的基础上，健全量刑建议形成机制，增强听取意见的实质性，将“合意”逻辑贯穿始终，同时坚持基本量刑原则，坚守实体公正底线。[①]有论者建议，刑事诉讼法修改时应当明确规定认罪认罚中的协商原则；借鉴英国经验对从宽幅度作统一规定；维持量刑建议以确定刑为主、幅度刑为辅的做法。[②]

针对认罪认罚案件中的辩护权问题，有论者提出，认罪认罚案件中独立辩护的恣意行使将不可避免对案件审理效率带来实质性损害，进而影响该制度的有效施行。在保障律师庭前有效参与等配套制度完善的基础上，独立辩护应当有所限制，进而推动形成广泛司法共识，推动形成立足于认罪认罚制度下的辩护规则。[③]有论者认为，“骑墙式”辩护不应影响对被告人认罪的认定，但是鉴于案件有争议，应当适用普通程序审理。为了避免和减少辩护冲突，如果辩护人拟作“骑墙式”辩护，应当与被追诉人充分沟通和协商，并征得被追诉人的同意。[④]为解决值班律师功能虚化问题，有论者提出，要规范落实办案机关告知程序，保障值班律师会见被追诉人的及时性，并从法律层面赋予值

---

① 闫召华：《认罪认罚案件量刑建议制度的实践检讨与立法完善》，载《南京师范大学学报（社会科学版）》2024 年第 5 期。

② 熊秋红：《认罪认罚从宽制度的实践分歧及其回应》，载《比较法研究》2024 年第 5 期。

③ 杨陆平：《认罪认罚从宽制度下律师独立辩护权的限度与规则调适》，载《海峡法学》2024 年第 7 期。

④ 熊秋红：《认罪认罚从宽制度的实践分歧及其回应》，载《比较法研究》2024 年第 5 期。

班律师完整的阅卷权。[①]

（三）关于认罪认罚案件的上诉、抗诉、再审程序

认罪认罚案件上诉权保障以及上诉权滥用的矛盾问题一直贯穿于制度实施过程中，如何平衡两者的关系，是影响制度成熟稳定运行的重要因素，不少问题有待通过修法的方式进一步解决。有论者认为，基于认罪认罚从宽制度适用中诚信价值的要求与上诉权保障的需要，建议在认罪认罚案件中增设上诉理由审查程序，达到对无正当理由上诉进行必要抑制的目的，兼顾诚信价值与上诉权保障之间的不同要求。[②]有论者对二审裁判文书进行实证研究后认为，与传统对抗式诉讼模式不同，认罪认罚从宽制度以控辩双方的合意为基础，将传统的权利型上诉沿用至新型的合意式诉讼，会导致诉权保障与诉讼效率的两难困境。破解这一困境应从诉讼合意出发，发挥具结书契约属性的负担效果，要求被告人上诉时载明具体理由，建立形式审查与实质审查相结合的双重审查模式，并科以值班律师为被告人撰写上诉理由之义务；同时为避免驳回上诉对被告人权利造成不利冲击，二审法院应尽释明义务。[③]

针对认罪认罚案件的抗诉问题，有论者通过实证研究表明，认罪认罚抗诉有时体现出对抗属性。认罪认罚抗诉的对抗属性主要存在于反制型和争议型两类抗诉中，前者是控方对“失信”被告人施加的程

① 卫跃宁、朱雨晴：《认罪认罚案件中值班律师功能虚化的样态、成因与对策》，载《重庆大学学报（社会科学版）》2024年第4期。

② 陈润生、陈玉忠：《对认罪认罚从宽案件无正当理由上诉的必要抑制》，载《河北科技大学学报（社会科学版）》2024年第6期。

③ 王从光：《认罪认罚案件上诉的现实困境及其破解——以3360份裁判文书为样本》，载重庆市社会科学规划博士和培育项目“实体性出罪事由证明研究”（2023BS059）、国家社科基金重点项目“认罪认罚从宽制度实施问题研究”（19AFX009）的阶段性成果。

序性制裁，后者源于控审关于从宽程序话语权归属的分歧。建议从诉前、诉中、诉后三个维度维护认罪认罚抗诉程序的运转秩序，实现认罪认罚从宽制度效率价值与二审程序救济价值的平衡。具体而言，应规范抗诉启动程序，推动检察抗诉回归监督本位；建立二审分流机制，强化控辩二审协商“合意”，简化二审审理程序；明确二审裁判标准，厘清控审权力边界，实现裁判统一。[①] 有论者提出，应以“实质错误”作为是否提起抗诉的尺度，认罪认罚案件抗诉标准应当融入合作式的司法正义观。立法的滞后导致了当前认罪认罚案件抗诉标准把握的诸多困境，应以“实质错误”作为是否提起抗诉的核心尺度，重点考虑错误的性质、错误的程度、纠错的可能性和纠错的效益等因素。[②]

针对认罪认罚案件的再审程序，有论者提出，应以是否有利于被告人为出发点，将认罪认罚案件的再审程序区分为有利被告之再审与不利被告之再审，前者以发现实体真实为重，坚持有错必纠，以避免刑罚权的不当行使；后者以维持法安定性为优先考量，坚持有限纠错，设定严格启动条件和程序规则，防止已形成的法律安定地位以及被追诉人因认罪认罚已获取的从宽处罚利益随意受到不利变更。[③]

四、关于刑事诉讼法第四次修改研究

伴随着刑事诉讼法修改被列入十四届全国人大的立法规划，与刑事诉讼法修法相关的课题成为研究热门，与刑事检察工作关系密切，

---

① 池天成：《认罪认罚抗诉：立场偏移、问题厘析与制度因应》，载《重庆社会科学》2024 年第 5 期。

② 闫召华：《“实质错误”论：认罪认罚案件抗诉的功能澄清与标准优化》，载《中国刑事法杂志》2024 年第 1 期。

③ 胡维潇：《认罪认罚案件“不利被告之再审”的检视与重塑》，载《山东法官培训学院学报》2024 年第 5 期。

值得检察机关密切关注并积极参与讨论。全国人大常委会法工委刑法室副主任黄永撰文指出，刑事诉讼法第四次修改应当进一步完善刑事诉讼具体制度程序，主要包括增加一事不再理、无罪推定、正当程序等诉讼法基本原则；按照以审判为中心，调整刑事诉讼法编章体例，完善庭审程序，确立直接言词原则；完善相对不起诉、附条件不起诉制度；强化犯罪嫌疑人、被告人诉讼权利，增加辩护律师讯问在场权；完善逮捕制度，废除径行逮捕和指定居所监视居住制度；规定单位犯罪刑事诉讼特别程序等。① 上述修改建议涉及的修法幅度无疑是比较大的。有研究认为，在稳中求进的总基调下，第四次刑事诉讼法修改不可能是一次“大改”，且与大改相应的法典化也难在此次修改中实现。但是与数字诉讼、涉外刑事诉讼程序、强制措施、法律援助以及其他已经达成共识或积累有益经验的改革应当列入修改内容。②

有论者认为，当前我国的刑事诉讼模式由于诉讼主体之间基于认罪认罚从宽制度所带来的变化呈现出“协同性”的特点，这种“协同性”最终服务于“社会治理”的诉讼功能和目标，未来的刑事诉讼法修改应当体现“协同—治理”两个基本特征和价值取向，在此基础上更好体现诉讼规律、顺应数字时代发展需要、融合国家治理与社会发展需要，推动完善中国特色刑事诉讼制度。③

有论者认为，第四次刑事诉讼法修改应当加强侦查机关立案权监督制约，增加“不应当立案而立案”监督并建立立案备案审查制度；

---

① 黄永：《建设公正高效权威的中国特色社会主义刑事诉讼制度——中国刑事诉讼立法历程回顾和再修改完善》，载《法律适用》2024年第7期。

② 左卫民：《如何展开刑诉法的第四次修改？基于立法历程观察的思考》，载《中外法学》2024年第5期。

③ 徐鹤喃：《我国刑事诉讼法第四次修改的基点与面向》，载《比较法研究》2024年第6期。

确定法定法官原则，确立审判管辖对侦查管辖的统领地位并确立管辖权异议制度；应当解决审查起诉权实质化问题，完善审查逮捕权和审查起诉权之间的制约监督问题；推进庭审实质化，确立证人出庭制度，确立二审全面开庭原则，增加检察机关为被告人利益抗诉并参照适用上诉不加刑原则。[①] 在人身强制措施方面，陈光中教授建议，刑事诉讼法再修改应当坚持对人身自由进行限制的刑事强制措施体系，将合法性原则、相当性原则、变更性原则作为刑事强制措施适用的基本原则。[②]

讨论中有关完善刑事诉讼法证据规则和数字诉讼规则的呼声较多，不少论者主张，应当大幅增加证据规则条款，独立成编。如陈光中教授建议，应大幅度增加证据制度的条文数量，增加规定证据裁判原则，完善不得强迫自证其罪原则，增加“不得强迫任何人作出不利于自己的陈述”的规定并删除“犯罪嫌疑人如实回答义务”；增加直接言词原则，删除“人民法院认为证人、鉴定人有必要出庭”这一限定条件，同时规定对认罪认罚的轻罪案件证人原则上不出庭。[③] 有论者认为，第四次刑事诉讼法修改应当将“证据独立成编”，并按照“一般规定、证据种类、证据规则、证明、司法认知与推定”的体例编写“证据编”。[④] 有论者认为，刑事诉讼法第四次修改应当回应数字时代的新需求、新情况。在制度规范层面，应强化对数字侦查取证的控制，

① 陈卫东：《三重维度下刑事诉讼法修改重点问题研究》，载《中国刑事法杂志》2024 年第 4 期。

② 陈光中、魏家淦：《完善我国刑事强制措施若干问题探讨》，载《中国刑事法杂志》2024 年第 5 期。

③ 陈光中、魏家淦：《完善刑事证据若干重要问题探讨》，载《清华法学》2024 年第 4 期。

④ 谢澍：《〈刑事诉讼法〉修改“证据独立成编”的基本思路》，载《中国刑事法杂志》2024 年第 4 期。

运用技术侦查规则规制数字侦查，完善网络在线收集提取证据规则，强化检察机关对数字侦查的监督以及对法院智能化技术应用的监督，增加对在线诉讼的规定，限制在线诉讼的范围、方式，保障在线诉讼公民的权利等，确保数字化改革符合刑事诉讼的基本原理。①

五、关于刑事实体法研究

刑事实体法的研究与刑事检察工作密切相关，尤其是有关刑事立法、刑法学理论、个罪适用的研究涉及刑事检察部门刑事政策把握、具体案件处理等，值得密切关注。

（一）关于刑法典和刑法学研究方法

有关我国刑法的再法典化和未来刑法学的研究方向是刑法学界2024年研究的热点问题。北京大学陈兴良教授提出，我国未来刑法学研究有十大着力点，其中包括因应网络时代的到来，深入研究网络犯罪的概念、特征与定性；因应治安处罚和刑事处罚二元制裁体系改革，深入研究轻微犯罪的分类与治理；因应惩治集团性犯罪组织的客观需求，深入研究共同犯罪的体系构造；因应法定犯时代的到来，深入研究刑行关系、法定犯的性质与范围等重点方向。② 刑法界的这些研究与刑事司法领域对法定犯增加和轻微犯罪治理的时代课题的关注不谋而合。

"两个结合"是习近平新时代中国特色社会主义思想的鲜明特色，正如前文分析的，影响到了刑事司法理念的更新以及刑事法学研究方

---

① 郑曦：《论数字时代的〈刑事诉讼法〉修改》，载《政治与法律》2024年第6期。

② 陈兴良：《论未来刑法学的十大着力点》，载《法治研究》2024年第1期。

法的改进。在讨论构建中国自主刑法学知识体系时，清华大学张明楷教授提出，需要妥当处理热点问题与基础理论的关系；需要正确处理学术争议与学术共识的关系，需要正确处理传承优秀法律传统、借鉴国外理论学说的关系，应当全面挖掘我国的法律文化传统、对古代刑法文化作体系化理解、提高刑法文化传统的鉴别力、判断力，比如对“造意者为首”做体系化理解，只有造意者共同参与实施了犯罪，才作为首犯；还比如要挖掘发现、传承“亲亲相隐”、“存留养亲”、注重赦宥并追求祥刑等法律传统文化的价值。① 这一研究与最高检提出的“三个善于”中强调法理情统一的理念是完全一致的。

有关刑法再法典化的讨论中，学术界普遍认为，我国 1997 年刑法就是实质上的刑法典，但是在体系化、完备性、时代性方面尚有不足，有论者认为，应当加快刑法典编撰的研究工作，待时机成熟，应当推动法典编纂工作。也有论者认为，如果采取统一刑法典模式，制定法典时间需要很长，短时间内形成的法典不会是一部好的法典。在内容方面，有论者认为，如果对我国刑法典进行再法典化，对刑法总则有必要做较大幅度修订；刑法分则要考虑增设必要的轻罪，减少口袋罪等。②

（二）关于一些重要的刑法个罪研究

随着电信网络诈骗、网络暴力等新型犯罪的增多，相关领域犯罪的研究成为热点。如，随着电信网络诈骗等网络犯罪的增加，掩饰隐瞒犯罪所得罪与帮助信息网络犯罪活动罪、诈骗罪等本犯的关系成为

---

① 张明楷：《构建自主刑法学知识体系应妥善处理的四个关系》，载《法学家》2024 年第 6 期。

② 陈兴良、张明楷、周光权：《刑法典编纂：基本理念和技术设计》，载《中国法律评论》2024 年第 1 期。

困扰司法实务的难点问题。有论者从心理的因果性学说出发，提出只要参与人事前和本犯有沟通或约定，与本犯造成的法益侵害之间具有心理的因果性，就属于“事前通谋”，成立上游罪的共犯。在事前无通谋的情形下，原则上按参与时间点是本犯既遂前还是既遂后，分别认定为上游罪的共犯与掩饰、隐瞒犯罪所得罪；在少数情形下，只要本犯通过不法行为取得了赃物，即使本犯尚未既遂，参与人的行为也可能成立掩饰、隐瞒犯罪所得罪。上游罪的本犯、共犯以及行为仅构成帮助信息网络犯罪活动罪的行为人实施的掩饰、隐瞒赃物的行为不成立掩饰、隐瞒犯罪所得罪。①

针对网络暴力愈演愈烈问题，有论者认为，网络暴力不应定位为个体之间的侵害，而应解读为社会系统性力量对个体施加的权利侵害，这使得网络暴力表现出不同于传统言语暴力的特性。有必要在以“国家—社会—个人”三元结构为基础的法律体系中来考虑对网络暴力的应对。需要采取以公权力救济为主导的法律机制，适用以事前规制为中心的风险规制法模式，并适度扩张刑法的介入范围。在刑法领域，立法层面需要考虑出台反网络暴力的领域法，并对侮辱罪、诽谤罪的刑法规定做出修正，可考虑分两款规定两档法定刑，情节严重的设置为告诉乃论，赋予被害人自主选择自诉或公诉的权利；情节特别严重的，适用加重的法定刑幅度，并按公诉程序处理。司法层面需要采取刑法功能主义立场，应当根据所涉场景与行为对象做区分对待，涉及公共领域或公共人物时，刑法的介入必须节制与慎重；涉及私人领域

① 张明楷：《掩饰、隐瞒犯罪所得罪与相关犯罪的关系》，载《中国刑事法杂志》2024年第4期。

与普通个人时，刑法对受害方个人权益的保护亟须加强。[①]

危险驾驶罪连续多年成为刑事追诉最多的犯罪。关于危险驾驶罪的研究中，学界充分肯定“两高两部”《关于办理醉酒危险驾驶刑事案件的意见》出台的重要意义，认为新规出台将有效解决醉酒型危险驾驶罪处罚范围过宽的问题。也有论者认为，由于新规对机动车的认定延续了之前的立场，对常见的关于醉酒驾驶电动车的行为定性处理的争议仍有待解决，建议在行政机关对电动车采取机动车管理持谨慎立场、“电动车不是机动车”是普遍性社会认知、对不法行为惩处泛刑化进行限缩等原因推动下，应当以规范性标准替代传统的技术性标准认定“机动车”，结合机动车的行政管理等方面因素实质解释低速电动车是否属于“机动车”，进一步限缩醉酒危险驾驶犯罪的犯罪圈。[②]这一研究对进一步完善醉驾治理体系，解决困扰司法实践的低速电动车醉驾问题有借鉴意义。

六、2025 年刑事检察理论研究展望

2024 年的刑事检察理论研究具有鲜明的时代性、显著的实践性和深刻的理论性，产生了创新性、建设性的理论成果。2025 年，刑事检察理论研究应当坚持以习近平法治思想为引领，深入贯彻落实党的二十届三中全会有关法治和司法领域改革决策部署，落实全国检察机关刑事检察工作会议部署，立足刑事检察法定职权，聚焦“高质效办好每一个案件”和刑事检察工作高质量发展，聚焦重要刑事检察职能

① 劳东燕：《网络暴力刑法治理的基本立场》，载《政法论坛》2024 年第 3 期。

② 梁云宝：《论“醉驾”新规下醉酒型危险驾驶罪中机动车的新标准》，载《政治与法律》2024 年第 10 期。

履行和重大刑事检察工作机制完善等开展理论研究，持续推进高水平刑事检察理论研究，更好服务高水平安全和高质量发展，维护国家长治久安。

（一）加强落实党的二十届三中全会有关改革工作部署研究

党的二十届三中全会部署的多项改革关涉刑事检察工作，刑事检察部门是落实这些改革决策的重要部门。2025年，要研究在刑事检察领域贯彻落实监察权、侦查权、检察权、审判权、执行权互相配合、互相制约的体制机制。研究加强检察机关对执行活动的监督。要研究完善行政处罚和刑事处罚双向衔接制度，完善案件双向移送标准和程序。研究刑事检察部门加强人权司法保障的体制机制，探索完善事前审查、事中监督、事后纠正机制，依法加强对涉及人身权利强制措施的监督，切实强化对查封、扣押、冻结等强制措施的监督。探索完善事前审查，监督强制措施是否严格依照法定权限、范围、条件和程序进行。要强化事中监督，在刑事诉讼中发现对犯罪嫌疑人采取强制措施不当的，应当及时撤销或者变更，并建立事后纠正等救济途径。研究监督纠正和防范利用刑事手段插手民事经济纠纷的机制，特别是解决跨区域违法抓人、违法“查扣冻”企业财产等趋利性执法问题。

（二）加强对宽严相济刑事政策和重点领域犯罪研究

要研究如何针对不同犯罪、不同时期、不同人群准确适用宽严相济刑事政策，体现区别对待，宽中有严，严中有宽。尤其是针对“一杀多人”等重大恶性犯罪案件，在确保案件质量的基础上，依法从重从严从快审查逮捕、审查起诉。要进行常态化开展扫黑除恶斗争的规律性研究，开展黑恶犯罪滋生、发展、壮大的规律性、回溯性研究，为常态化预防和打击工作总结经验、提供支撑。加强扫黑除恶规范性文件梳理总结更新工作，尤其是研究涉网黑恶犯罪、涉贷黑恶犯罪、跨境黑恶犯罪的法律标准和政策尺度。要加强涉网络综合治理研究，依法惩治电信网络诈骗、网络谣言、网络赌博、网络暴力等犯罪，促进网络空间法治建设。加强涉企业犯罪执法司法研究。要加强涉外刑事检察工作研究，更加有力维护国家主权、安全和发展利益。

（三）加强刑事检察重要职能和重大制度机制研究

要加强审查起诉和出庭支持公诉职能研究。加强法定不起诉、存疑不起诉、相对不起诉、附条件不起诉的适用标准和程序研究，推动依法、准确、规范适用不起诉。要加强不起诉权监督制约机制研究。要围绕庭审实质化，加强出庭公诉工作研究，研究构建适用不同案件、不同程序的出庭公诉工作机制，加强提升公诉能力研究。加强认罪认罚自愿性、真实性、合法性保障机制研究，加强类案量刑规律和标准研究，提升量刑建议精准性。加强认罪认罚反悔上诉应对、抗诉标准研究。要加强刑事检察部门落实“三个善于”有关机制研究，切实提高正确运用法律政策的能力，确保高质效办好每一个案件。

（四）加强刑事诉讼法修改研究

总结司法实践、检察实践经验，研究新一轮刑事诉讼法修改的主要方向、重要内容，形成建设性的修法意见建议。在修法中应当进一步体现“以审判为中心”的刑事诉讼制度改革要求，体现加强人权司法保障的要求，体现加强检察机关对刑事诉讼活动实施监督的要求，加强立案、强制措施监督；以认罪认罚从宽制度为基础，进一步丰富完善繁简分流的多层次诉讼程序体系；研究完善刑事诉讼证据规则体系，改进和完善刑事和解、附条件不起诉等制度，完善涉案财物处置规范体系。进一步完善未成年人刑事诉讼程序，协同健全罪错未成年人分级干预矫治机制，依法加强对专门教育及专门矫治教育的法律监督。

（五）加强刑事检察工作管理研究

要结合刑事检察工作的职能、特点，研究刑事检察部门落实“一取消三不再”、一体抓好“三个管理”的具体机制、方法。研究如何改进刑事检察工作领导和案件指导体制。加强刑事检察工作规律、管理规律、司法规律研究，研究无罪、不捕、不诉、撤诉等案件质量评查的标准、程序，处理好案件评查和司法责任追究的关系和衔接程序，提升刑事检察工作整体质效。

Benji Jujiao

本辑聚焦

数字赋能刑事检察监督

北京市人民检察院

北京刑事检察部门共计研发应用116个大数据法律监督模型，在最高人民检察院平台上架35个大数据法律监督模型，均取得较好成效。主要做法是：

一、深化对犯罪行为与犯罪案件为“半径不等同心圆”的规律性认识，以数字检察赋能刑事检察监督提质增效

研发应用“收药端医保欺诈识别监督模型”，发现涉及全国25个省区、13万余人线索，已向最高检及公安部报送。研发应用“工程建筑行业敲诈施工费涉黑恶线索研判模型”，已发现犯罪线索105条，移送刑事立案12件，抓获犯罪嫌疑人151人。研发应用“偷盗燃气类大数据监督治理模型”，已立案8件，抓获犯罪嫌疑人18人，涉案总金额初步评估达5000余万元。

二、以大模型建用为数字检察发展的基本路径，有力推进数字赋能刑事检察监督场景的体系化建设

聚焦刑事审判监督工作履职短板和能力不足问题，研发刑事审判监督大模型，转化成个案和类案共30件。研发刑事裁判涉财产执行类，社区矫正、罪犯减刑假释类大数据法律监督模型，转化为各类监督案件1068件，大数据法律监督案件占比达到54.6%。

三、以数字赋能刑事检察监督推动检察履职方式创新，服务保障国家治理体系和治理能力现代化

依托模型建用总结提炼的医保欺诈识别规则已被医保基金监管部门借鉴应用，引入医保基金管理规范。提炼的特种作业资格证书识别规则被市应急局借鉴采用，已录入北京安全生产和隐患治理系统。研发建用海淀轻罪案件大数据法律监督模型，辖区“超市盗”等轻罪案件发案量呈现明显下降的良好态势。

四、着眼提升法律监督能力，推进以数字赋能刑事检察监督向更高形态演进

研发应用的“刑事二审不开庭改判大数据法律监督模型”，在开展刑事抗诉等审判监督的同时，立案查办司法工作人员相关职务犯罪，促进对深层次违法犯罪问题的监督与治理。北京市检察院应公安部邀请派员在全国公安系统的专题培训班上介绍了办理医保诈骗大数据办案经验。

立足监督办案把牢安全生产底线

山西省人民检察院

山西省检察机关深入扎实推进落实最高检“八号检察建议”，高质效办理危害生产安全刑事案件，加强执法司法监督与配合，为安全生产保驾护航。2020年至2024年8月，山西省检察机关共办理危害生产安全刑事案件401件847人。其中，在全国具有重大影响的案件有6件。

一、坚持以证据为中心，依法严惩犯罪，推动安全责任制落到实处

一是把好审查起诉关，严惩犯罪压实安全生产责任。2020年以来，起诉297件642人，不起诉104件205人。二是联合行政执法机关部署开展全省安全生产领域案件立案监督专项行动，强化监督做实“检察护企”。立案24件，清理长期未结案件8件。三是夯实案件证据基础，办理宋某某等人重大责任事故案，宽严相济守护法治公正，被评为最高检指导性案例。

二、守正创新完善机制建设，提升案件办理能力，推动“三个效果”有机统一

一是全省各级检察院均建立了高效及时介入事故调查的工作机制，参与事故调查56起。二是省院加强指导力度，对10件重大安全

生产案件开展了实质性指导。永聚煤业“11·16”重大火灾事故发生后，最高检挂牌督办，省检察院杨景海检察长先后6次组织召开案件调度会议，及时对案件办理作出指导。三是建立健全司法机关沟通协调机制，打造同频共振、协同发力的法治保障格局。参与公安机关案件研讨120件次。

三、常态化推进最高检“八号检察建议”，依法履行检察职能，推动从源头上防范化解重大安全风险

一是扎实推进行刑双向衔接，切实凝聚治理合力。行政机关移送涉嫌犯罪线索57件，检察机关向行政机关移送处罚线索17件，聘请应急管理等专业人员担任特邀检察官助理履职9人次。二是转单兵作战为综合履职，积极推动安全监管水平提升。制发社会治理检察建议120件。三是主动融入地方安全生产大局，共同提升安全生产治理效能。联合行政执法机关开展调研座谈128次，支持、参与行政机关开展“四个重点”专项检查55次。

聚焦食药安全落实好“四个最严”

吉林省人民检察院

吉林省检察机关深入贯彻习近平总书记关于食品药品“四个最严”的要求，按照最高检和吉林省委部署，聚焦百姓“菜篮子”“药罐子”安全，依法严惩危害食品药品安全犯罪，完善行刑衔接机制，积极参与社会综合治理，筑牢食品药品安全底线。

一、着眼大局观念，依法从严惩治危害食药安全犯罪

紧盯重点领域，挂牌督办重大影响案件。张某坡等 5 人生产销售伪劣化肥、刘某国销售伪劣种子等多起案件入选最高检典型案例。围绕最高检部署要求，妥善办理热点敏感案件。对涉及保健食品、医美器械等社会各界广泛关注的刑事案件快捕快诉。强化法律监督职能作用，全面打击上下游犯罪。在办理张某等人销售有毒有害食品案中，对 7 名犯罪嫌疑人依法履行立案监督职能，起到了打链条、打网络、打源头的惩治效果。

二、聚焦关键环节，抓实高质效办好每一个案件

坚持以证据为中心。在办理某伪造注射用玻尿酸钠凝胶案中，积极提出有关检验方向建议，为案件准确定性提供了坚实证据基础。坚持充分论证刑事违法性。为保护种业知识产权提供更充分的法律论证，组织有关专家学者召开论证会，实质把握刑事违法性的认定。坚持厘

清法律适用。针对涉案企业具有经营食品资质，为牟取非法利益，宣称生产、销售的食品有治疗功效情况，多角度厘清食品和药品认定边界，准确适用法律。

三、搭建机制平台，凝聚共识形成合力

完善检察机关一体化办案机制。在办理杨某宇生产、销售有毒有害食品案中，经提起刑事附带民事公益诉讼，法院判处被告人承担销售价款10倍惩罚性赔偿金，并在国家级新闻媒体向社会公开赔礼道歉。完善行刑衔接机制。2024年以来，会签《吉林省药品行政执法与刑事司法衔接工作办法实施细则》《吉林省2024年农资打假专项治理行动实施方案》。完善侦诉审衔接机制。针对“产、储、销”链条化模式销售假药案件，同公安机关、审判机关形成类案办案模式，合力维护市场秩序。

四、完善综合治理，推动全社会齐抓共管

积极推动强化生产者底线思维，加强行业监管责任，强化消费者法律意识。

“检察护企”坚持公平公正

江苏省人民检察院

江苏省检察机关全面落实最高检开展“检察护企”专项行动部署，以高质效履职，“护”出公平正义、“护”出信心预期。

一、以机制建设为重点优化办案质效

完善组织领导机制。省检察院党组向省委、省人大常委会作专题汇报，制定江苏专项行动实施方案，每月研究推进落实。建立重大涉企案件督办跟踪机制。省检察院挂牌督办 41 件重大涉企案件，要求办案单位落实刑事追诉、民事追责、行政违法、公益诉讼“一案四查”，及时移送线索。健全监督线索统一管理机制。大力整治趋利性执法司法问题，线索上报最高检后被异地交办，对最高检交办的案件，依法监督公安机关撤案。加强立案监督，精准处理排查出的涉企刑事“挂案”，已清理 90%。开展涉企强制措施监督专项，对涉企人员、涉企财产适用强制措施案件逐一开展合法性审查，排查出线索 19 条。

二、以系统集成为纽带强化高效协同

加强内部融合履职。把与涉企检察工作相关的所有职能部门纳入成员部门，建立联络员机制，定期沟通会商。加强外部联动协作。与相关单位协同，从四个方面做实平等保护。与国资委对接，共同推动解决国有企业内部人员腐败治理等问题。与工商联常态化联络，为企业提供更加便利的法律咨询等服务。与商务部门、贸促会对接，为外资来华创业提供公平透明的市场环境。与省委金融办、人民银行等协作，引导金融“活水”支持科技创新、绿色发展，共同防范风险。

三、以彰显特色为方向深化工作实效

助力发展新质生产力。与省法院、省公安厅会签办理侵犯商业秘密刑事案件指引，加大侵犯商业秘密犯罪打击力度。构建南京都市圈知识产权检察联盟，凝聚保护合力。服务优势产业发展。紧扣自贸区、新能源等重大发展战略、重点产业，主动靠前服务。积极回应企业需求。坚持“有呼即应，无事不扰”，为市场主体提供多样化、个性化法治服务。

探索防治新型隐性腐败路径

浙江省人民检察院

浙江省检察机关认真贯彻党中央、最高检决策部署，以高质效办案为核心、高水平协同为驱动、高素能建设为支撑，运用法治方式助力新型隐性腐败防治工作向纵深突破。

一、把握特点规律，精准发力提升新型隐性腐败办案质效，以“三个善于”做实高质效办案

一是坚持穿透思维。重点审查收益获利是否符合市场规律判断利益性质，重点审查人物关系锁定腐败主体，重点审查资金流向明确利益链条。二是坚持客观全面。加强对客观性证据的深度挖掘和审查运用，着力构建主客观相一致的证据指控体系。三是坚持深挖细查。注重审查是否存在“案中案”，注重审查是否存在渎职和其他趋利性犯罪，注重审查赃款去向，依法、全面、客观评价犯罪行为，同步加大追赃挽损力度。

二、深化协同共治，合力激发新型隐性腐败治理效能，充分发挥反腐败协调机制作用聚力抓源治本

一是协同建机制促合力。先后推动省委反腐败协调小组会议审议通过系列制度规范，明确各单位工作重点和工作职责，形成新型隐性腐败治理合力。二是协同凝共识解难点。联合省监委、省法院发布新

型隐性腐败典型案例指引，联合举办多期专题研讨班，破解涉房涉股涉投资类贿赂犯罪等办案难点。三是协同强规范促治理。及时总结规律、提出建议，积极参与专项治理，推动出台一揽子规范性文件，织密制度规范，助力加快打造新时代勤廉浙江。

三、聚焦夯基固本，持续推动新型隐性腐败办案素能建设，注重抓基层强基础苦练基本功提升实战实效

一是注重优化履职机制。对内深化一体履职，抓实“三个管理”；对外强化协作联动，建立联合听庭评议制度、建立专家辅助审查制度，提高对专业领域审查能力。二是注重提升专业化建设。推进“检察官教检察官”，加强重大职务犯罪案件办理团队（基地）建设，推动可持续发展。三是注重调、研、用相结合。探索新方法、破解新问题，及时转化成果、服务办案，提升打击犯罪的精准度和实效度。

用好“三评”提升出庭公诉能力

福建省人民检察院

福建省检察机关聚焦“高质效办好每一个案件”，探索评庭、评案、评选“三评”模式，促进提升出庭公诉能力，不断夯实刑检工作现代化发展根基。

一、以评庭促进提升出庭公诉专业化水平

在全省开展“争优争先争效，评庭评案评选”活动，2023年以来累计评庭1092场，实现三级院、各条线、全省检察官全覆盖。明确五类评庭范围，即院领导带头出庭的“示范庭”，优秀公诉人出庭的“观摩庭”，法律适用存在争议、控辩分歧明显的“疑难庭”，事先不打招呼的“推门庭”以及检验新晋检察官履职水平的“考核庭”。创新“一地搭台＋多地交流＋上级指导”的评庭方式，组织开展各条线片区评庭，由承办检察院邀请周边地区共同参与，实现“评议一庭、辐射多地、整体提升”效果。逐步完善“内评＋外评＋自评”机制，邀请法官、代表委员、人民监督员等第三方人员共同参与，提出改进意见建议。

二、以评案促进提高刑事案件办理质效

将评庭内容向庭前、庭后延伸，研究出台《刑事案件听庭评议工作办法》，围绕起诉基础、庭前准备、出庭指控、庭审效果、诉讼监

督等方面明确标准，覆盖审查起诉全流程。与监委、法院、公安、律协等座谈交流，探讨类案证据标准，统一办案规范尺度。通过庭后复盘，制定出台或修订完善《刑事审判监督工作指引》《〈关于常见犯罪的量刑指导意见〉实施细则补充修订稿》等工作规范。针对部分常见罪名探索制定出庭预案，促进出庭工作高质效。

三、以评选引领强化刑检队伍业务素能建设

连续两年开展全省优秀公诉庭评选活动，择优评选出庭规范化精品案例通报表彰，有效发挥示范引领作用。将出庭能力建设与法律文书评比、刑检业务竞赛等岗位练兵活动结合，组织优秀公诉人巡讲、开展检律论辩赛等，带动提升刑检队伍专业素质。适应福建基层小院多的客观实际，强化各条线同堂培训、一体履职、协同作战，培养既精通本条线刑检业务，又熟悉其他条线业务的“全科检察官”。

构建检察侦查一体化格局

河南省人民检察院

近年来，河南省检察机关以“一体化”为引领，按照“稳定规模、重在质效”和“专项带动、全面推进”的思路，聚焦质效，强化协同，着力打造侦查一体化模式，取得了较好效果。主要做法：

一、统筹指挥，做到上下联动“一条线”

发挥省院主导作用，打出“统一思想、专项带动、挂牌督办、强化指导、带头办案”等组合拳，强化省院引领；发挥地市院主体作用，对省院挂牌督办、交办及立查的大要案，由相关检察长任组长，并对最终的质效负责；突出发挥基层院基础作用，建立健全基层发现、移送线索、查成案件奖励机制，并确定25个基层院直接试点立案。

二、整合资源，做到全院协同“一盘棋”

强化一体履职，印发规范性文件，建立健全检察官移送线索奖惩机制；强化评估研判，对拟调查核实、立案线索，采取专人审查、联席会评估、检察长决定等方式研判，确保规范处置；强化侦诉协调，捕诉部门全程介入，确保办案质效；强化同步纠错，对原案错误裁判，督促法院及时纠正。

三、注重规范，做到线索管理“一本账”

建立线索统一管理制度，由市级院统一管理线索；建立要案线索备案审查制度，强化上级审查把关；建立线索异地交办制度，共异地交办线索 79 件；建立查否线索复核制度，对查否的 42 件线索召开检察官联席会集中研判，逐案提出意见。

四、着眼长远，做到人才战略“一幅图”

按照“择优选调一批、调整充实一批、重点培养一批”思路，调整充实检察侦查队伍；组建涵盖侦查、职检、民事、技术的省级侦查人才库；实行“专家 + 团队”模式，由业务专家任组长，组建省级预审突破、技术辅助团队，指导市分院组建类案办理团队；着力提升侦查素能，相继举办大数据赋能侦查培训班和第一届检察侦查业务竞赛。

五、强化保障，做到侦查资源“一张网”

省检察院统筹指导 7 个地市建成指定居所监视居住场所；坚持“办案亟须、经济实用、分级购置、统一调配”原则，列出 15 类实用和 9 类主要侦查装备，实行分级购置、统一使用；省检察院主动搭建涉案资金账户查询平台，为三级检察机关提供服务；先后研发上架、推广 3 个检察侦查法律监督模型，已累计立查司法工作人员职务犯罪 13 人。

高质效推进刑事抗诉工作

四川省人民检察院

近年来，四川省检察机关坚持以习近平法治思想为指导，在最高检坚强领导下，充分履职，高质效推进刑事抗诉工作。其中，一起抗诉案件入选最高检第四十五批指导性案例、全国检察机关精品刑事抗诉案件，两起抗诉案件入选全国检察机关优秀刑事抗诉案件。

一、统筹三组关系，充分调动抗诉工作主动性

统筹四川全域和重点区域均衡发展，搭建抗诉工作一体化平台，加强“点对点”指导，推动全省抗诉工作全面协调充分发展。统筹牵头部门和业务条线融合履职，联合开展抗点研讨、工作督导、案例培育。统筹人工筛查与数据赋能同向发力，省院利用大数据开展筛查，先后交办监督线索 3 批。

二、压实三个责任，推动抗诉质量实现新突破

压实检察官精细审查责任，推行交叉审查，基层主力军作用凸显，监督及时性明显增强。压实市级院精准把关责任，细化抗前请示报告流程及时限要求，落实汇报、指导责任，“繁简分流”把好抗诉质量关。压实省、市院示范引领责任，对有典型意义的案件，合力监督、接力抗诉，统一司法尺度。

三、强化三个转变，推动抗诉效果实现新拓展

由浅表监督向深层次监督转变，“抗重与抗轻”“实体与程序”“事实证据与法律适用”齐头并进，层次更加多维。由抗诉监督向多元监督转变，对判决确有错误且有抗诉必要性的依法抗诉，对刑期计算错误等问题择优选用再审检察建议等监督方式。由监督办案向促进治理转变，主动融入社会治理工作大局，努力实现监督办案效果最大化。

四、构建三项机制，推动“质”“量”双升行稳致远

建立高效的内部统筹机制，省院制定下发《关于进一步加强和改进刑事审判监督工作的意见》，从 5 个方面提出 31 条措施。建立良性的横向沟通机制，加强与侦查机关、人民法院的联动配合、沟通会商，营造良性互动监督生态。建立有力的争取支持机制，积极争取党委领导和人大监督支持，及时报告重大抗诉案件办理及监督履职工作情况。

抓紧抓实案件质量评查

甘肃省人民检察院

甘肃省检察机关把案件质量评查作为提升刑事办案质效的有力抓手，构建刑事办案大管理模式，案件质量有了长足进步。

一、立足长远，高点定位明晰标准

甘肃省检察院修改完善案件质量评查工作实施办法、评查指引，为全省提供评查标准。全省刑检部门构建办案与管理并重工作模式，加强与案管、检务督察等部门协作，抓实案件质量评查。

二、立足长效，健全机制优化升级

一方面，建立并推行“四个一”刑事案件质量评查机制。一是个案评查常态化，一案一查。二是类案评查重点化，一类一查。对命案存疑不诉、复议复核改变原决定等类案定期组织评查。三是专项评查集约化，一项一查。以重点专项开展为契机，专项评查涉政、涉黑恶等特定类型案件。四是年度评查侧重化，一年一查。对标年度任务目标，针对薄弱项开展集中评查。另一方面，优化升级评查辅助配套机制。一是探索将办案监督全流程纳入权力清单，强化事前引导预防。二是制定工作指引，对法定刑 3 年以上不捕、不诉案件实质化管控，将死刑复核监督纳入办案系统，探索重要法律文书审签制，强化事中流程监控。三是做实非法证据排除分析定期通报和刑事申诉反向审视，强化事后监督。

三、立足基础，大力推进专业建设

提出刑事检察队伍“十大能力”建设要求，开展“微课堂·云课堂·大课堂”、检律论辩赛等系列实训活动。以最高检支持抗诉的马某某抢劫杀人案为实案，创新开展“同答一道题，同出一个庭”沉浸式庭审观摩实训，探索出庭公诉实训新模式。建立省市县三级刑检、案件评查人才库，制定管理办法。

四、立足实效，多举措促结果运用

一是全省通报年度、专项案件质量评查结果，典型案件和严重司法不规范问题点名办案单位和案件名称。二是对评查出的重大质量问题案件，移送检务督察部门严格依法问责。三是将评查结果纳入检察官绩效考核、等级晋升、员额管理。四是将案件质量评查通报纳入各地检委会学习，研究制定长效机制，分类制定办案指引，推动类案治理。

注重“悟”“研”“练”，着力提升出庭支持公诉能力

胡春健 *

出庭支持公诉是检察机关有力指控犯罪、维护人民群众合法权益的“主战场”，是履行法律监督职责、展示公诉人形象的重要平台。新时代新征程，出庭公诉面临新的更高要求。在全国检察机关刑事检察工作会议上，最高人民检察院应勇检察长提出，“依法加强审查起诉和出庭支持公诉工作”“围绕庭审实质化，强化公诉能力建设”。为落实全国刑检会部署要求，强化出庭公诉能力建设，应当从“悟”“研”“练”三方面入手。

一、领悟法理情要义，在每个出庭公诉案件中统一践行

出庭支持公诉是检察机关代表国家指控犯罪的体现，必须使每一起案件经得起政治、法律和历史的考验。因此，检察办案绝不能机械办案，而要善于将法理情有机统一于出庭指控的每一个案件。“法”就是国家法律，既指法律规范，也蕴含法治精神、法治思维、法治政策；“理”就是天理，体现为国家整体利益和人民根本利益；“情”就是人情，核心就是社情民意。办案人员要始终深刻领悟三者的精神要义，并在办案中践行统一，要让案件事实清楚、定性准确、程序公正，量刑建议适当，这才是确保高质量出庭指控犯罪的前提。有机融合法理

---

* 胡春健，上海市人民检察院党组成员、副检察长。

情，就要充分理解把握党的先进理论和宏观法律政策，就是要在坚持法治思维和法治方式精准指控犯罪的同时，做好通过法治教育被告人达到特殊预防、一般预防的宣传效果。办案单位和办案人员应始终将政治建设摆在首位，将习近平法治思想内化于心、外化于行，以新理念新思路新部署为指引，切实做到高质效办好每一个出庭指控案件。

二、钻研案件办理，在熟练掌握法律规定基础上吃透案件

要钻研“大前提”，善于从具体法律条文中深刻领悟法治精神。避免一味凭借经验办案，既要跟进学习法律法规，也要加强法学基础理论研究，做到知其然更知其所以然，掌握分析案件的“金钥匙”，从而更深刻、更全面地思考案件。要钻研“小前提”，善于从纷繁复杂的法律事实中准确把握实质法律关系。严把审查起诉标准，全面细致审查每一份证据，并加强对非法证据的审查与排除，对全案证据“了然于胸”；认真准备庭审预案，举证提纲应详略得当、顺序排布合理，公诉意见应论证翔实并体现法治教育，答辩提纲应有针对性并对公诉意见起到补充作用；在审查证据和听取辩方意见时应有意识地预测辩论点；在参加庭前会议过程中，充分运用证据交换规则，有效衔接庭审指控。要钻研“同类案件”，复盘总结一类案件在程序、实体方面的常见共性问题，搭建自己的处置和应对知识库。

三、强化业务练兵，在实践锻炼中推动业务能力更上一层楼

刑检办案、出席法庭，需要缜密的思维、严谨的推断、高效的应对、有力的指控，有赖于实践中的千锤百炼。要分类加强对各类型案件的研究，增强实战实训针对性。办理认罪认罚案件，要强化检察人员审前主导责任，提升庭前对行为人的释法说理能力。办理疑难复杂

案件，要强化检察人员出庭指控犯罪的主体责任，找准法律适用难点、案件事实模糊点、证据链缺失点，发挥主观能动性，逐一加以解决。要强化训练出庭公诉和法庭应变能力，注重提升逻辑思维、语言表达和法律应用能力。通过发挥检察一体化履职优势，检察长、分管副检察长带头出庭，以上率下，起到模范带头作用；通过优秀公诉人出席示范庭，起到示范引领作用。另外，注重发挥庭审、旁听、讲评功能，构建示范和考察相结合机制，保证庭审质量，提升训练效果。通过“不定案、不定人、不提前通知”地开展“推门听庭”，倒逼公诉人以更高标准做好事实证据审查、法律适用和出庭预案准备，更好应对庭审中可能出现的突发情况。

紧扣主责主业推动刑事执行检察高质量发展

潜 艇*

在全国检察机关刑事检察工作会议上，最高人民检察院应勇检察长站在政治和全局的高度，全面部署了新时代新征程刑事检察工作，并专门对刑事执行检察工作提出明确要求，强调要依法加强监督，为刑事执行检察工作指明了方向。江西检察机关要深入学习贯彻，以2025年最高检向全国人大常委会专题报告刑罚执行监督工作为契机，紧扣主责主业，高质效办好每一个案件，助推检察工作现代化。

一、提高政治站位，切实增强做好刑事执行检察工作的责任感和使命感

坚持以习近平法治思想为引领，深刻理解做好刑事执行检察工作对维护国家总体安全、保障人民群众安居乐业的重要意义，切实担负起检察机关的政治责任和法律责任。要深刻领会“高质效办好每一个案件”的内涵要求，切实将检察履职回归到办案基本职责上，回归到具体案件办理上，把握“三个善于”，抓实“三个管理”，严格落实司法责任制，以更高标准、更严要求落实刑事执行检察工作职责，依法加强对刑罚执行和监狱、看守所执法活动的法律监督。

* 潜艇，江西省人民检察院党组成员、副检察长。

二、突出监督重点，依法全面履行刑事执行监督职能

要统筹谋划刑事执行检察工作，既要依法全面履职，又要紧盯重点问题、突出问题，有针对性地加大监督力度。一是强化日常监督。要聚焦监督方向，注重监督深度，监狱检察重点监督刑罚执行、教育改造和监管安全等，注重对“减假暂”是否合法的监督；看守所检察重点监督监管执法、羁押期限和留所服刑等，注重对在押人员合法权益保障的监督；社区矫正检察重点监督日常管理、脱管漏管和收监执行等，注重对矫正效果的监督。要探索完善机制，落实工作举措，全面加强对指定居所监视居住执行、强制医疗执行、财产刑执行、剥夺政治权利执行和死刑执行等内容和环节的监督。二是突出重点监督。落实“减假暂”案件实质化办理，强化证据意识、程序意识，在书面审查基础上，注重开展调查核实，既防止“纸面服刑”等乱作为问题，又防止“该减不减”等不作为问题，保障刑事司法“最后一公里”的公平公正。关注刑满释放人员再犯罪问题，组织开展调研，全面客观分析相关刑满释放人员再犯罪情况，反向审视教育改造方面存在的问题，有针对性地开展专门巡回检察。监督防范监管事故，对发生监管事故较多的监管场所，联合监狱管理部门进行专项督导，着力发现深层次原因，依法保障罪犯合法权益。三是依法查办监管场所渎职犯罪。聚焦徇私舞弊“减假暂”等重点问题，结合司法部开展的集中整治活动，深挖问题背后的职务犯罪线索，加大侦办力度，维护司法公正。

三、完善监督机制，推动刑事执行检察高质量发展

充分认识“派驻是阵地、巡回是利剑，科技是手段”，切实把派驻检察的便利、巡回检察的精准、数字检察的高效深度融合，全面提升监督质效。一是发挥派驻检察基础作用。认真落实《关于加强派驻

监管场所检察工作的意见》，配齐人员力量，落实轮岗交流，确保在岗时间，落实派驻职责。认真做好监管场所日常信息收集整理、问题摸底排查、跟踪整改等工作，引导巡回检察有的放矢。省检察院要加大统筹力度，进一步发挥省检察院派出院职能作用，强化一体履职，夯实派驻基础，提升监督合力。二是发挥巡回检察的快速机动精准优势。利用巡回检察在发现深层次问题上的独特优势，坚持问题导向和办案思维，统筹发挥四种巡回检察方式和“大墙”内外巡回检察相互补充作用，聚焦刑罚执行和监管活动突出问题，着力发现问题背后的职务犯罪和违法违纪线索，促进刑罚执行和监管活动依法规范进行。三是发挥数字检察高效作用。积极开发、完善和推广大数据监督模型，以数字检察分析比对与“看、听、查、问、访”等传统模式相结合开展工作，通过数据分析比对发现相关问题线索后，跟进实地调查核实，切实提高派驻检察、巡回检察的针对性和实效性。

更新理念升级模式　全面强化刑事诉讼监督

姜正权*

全国检察机关刑事检察工作会议指出，“刑事检察全过程参与、全流程监督刑事诉讼，是检察机关的基本职能”，要求各级检察机关依法加强对刑事诉讼活动的法律监督。如何发挥刑事检察“全过程参与”的特殊优势，加强对刑事立案、侦查、审判等办案各环节的监督，是摆在全体刑事检察人员面前的“必答题”。进一步强化刑事诉讼监督，应当以更新监督理念为基本前提、升级监督模式为关键一招、完善监督机制为有力保障，切实加大监督力度、提升监督质效，全力维护司法公正。

一、树立正确监督理念是做实刑事诉讼监督的基本前提

理念现代化是检察工作现代化的先导，树立正确监督理念是做实刑事诉讼监督工作的前提。践行“高质效办好每一个案件”的基本价值追求和“三个善于”的工作理念，高质效不仅仅局限于办理捕诉案件，更要拓展落实到监督事项，克服重办案、轻监督和不敢监督、不愿监督、不善监督等客观存在的问题。强化刑事诉讼监督，必须引导广大检察人员更新监督理念，牢固树立“敢于监督、善于监督、勇于自我监督”的监督理念，自觉自发提升监督能力，积极主动加大对刑事立案、侦查、审判等违法行为的监督力度，确保案件处理实体公正、

*　姜正权，贵州省人民检察院党组成员、副检察长。

程序公正，做到既敢于监督、善于监督，又依法监督、规范监督，切实把宪法和法律赋予检察机关的法律监督职责履行到位。

二、升级监督模式是强化刑事诉讼监督的关键一招

未能及时发现诉讼活动违法事项是长期制约刑事诉讼监督工作质效的难点。传统监督模式往往依赖于书面审查和事后监督，不但被动而且难以快速响应，导致监督的精准性不高、时效性不强。近年来，贵阳、安顺等地检察机关敢于探索创新，深度运用大数据技术，通过收集、整合和分析来自不同渠道的数据信息，研发了一批运行成熟的大数据法律监督模型，不但能帮助检察人员及时发现个案中的违法或者不当行为，还可以发掘某一领域、某一类型案件存在的普遍性问题，提高了检察机关法律监督的精准性、时效性。强化刑事诉讼监督，应当推动检察机关法律监督模式向数字化监督模式转型升级，积极推广、全面应用成熟的大数据法律监督模型，提升精准发现深层次、实质性违法问题的能力，推动检察机关积极参与社会治理、促进社会公平正义，努力让人民群众在每一个司法案件中感受到公平正义。

三、完善监督机制是强化刑事诉讼监督的有力保障

进一步完善行刑双向衔接工作机制，一方面要做实监督行政机关移送刑事案件，通过数据互联共享将行政执法案件纳入检察机关监督视野，拓宽监督线索来源，防止以罚代刑；另一方面要办好反向衔接案件，把握好“可处罚性”，防止“不刑”“不罚”。进一步落实侦查监督与协作配合机制，推动侦监协作办公室实质化、规范化、体系化运行，加强对刑事立案、侦查措施、强制措施的监督，防止利用刑事手段插手民事经济纠纷、“远洋捕捞”、违法“查扣冻”等趋利性执法

问题。加大刑事审判监督力度，综合运用抗诉、纠正意见、检察建议等监督手段，健全上下联动工作机制，以监督韧性增强审判监督实效。坚持“四大检察”一体履职、综合履职，落实相互移送监督线索制度，探索构建监督事项案件化办理机制，推动监督事项办理程序化、卷宗化、证据化、责任化，做实在办案中监督、在监督中办案。

深化管理完善机制做实检察侦查

李世清*

在全国检察机关刑事检察工作会议上，最高人民检察院应勇检察长就扎实做好新时代检察侦查工作，提出了新理念、新部署。为深入学习贯彻全国刑检会议精神，云南省检察机关检察侦查工作需要做到以下四个方面：

一、强化理念引领，确保检察侦查正确政治方向

一是深刻理解把握检察侦查权行使的政治属性和法治要求。习近平总书记多次强调，“努力让人民群众在每一个司法案件中感受到公平正义”。应勇检察长指出，“检察侦查是法律赋予检察机关的重要职权，是严惩司法腐败、维护司法公正的重要手段，也是加强法律监督的重要保障”。检察侦查具有很强的政治性，发挥强化法律监督、维护司法公正、保障人权等重要作用，必须在党的绝对领导下，融入检察法律监督整体格局。查办重大敏感案件要及时请示报告，争取支持，排除干扰阻力，形成监督合力。二是高质效办好每一个案件。以高质效查处司法腐败，支撑保障精准、妥善、有力有效的法律监督。三是“依法稳慎，务必搞准”。要突出上级院和检察长监督指导把关责任，在事实认定和法律适用上务必搞准。严格把握机动侦查职能定位和适用条件，在办理具有示范、引领意义的典型案件上下功夫。

* 李世清，云南省人民检察院党组成员、副检察长。

二、抓实“三个管理”，以优质管理促进检察侦查高质效

一是健全一体履职机制。发挥检察一体化体制优势，健全挂牌督办、专人督导、领办、参办、指定管辖、专班推进等机制。查办黑恶势力“保护伞”、办理重大专案，要充分发挥省院统筹指导作用，落实上级院统一调用检察人员办案机制，以组建专案组或工作专班的形式，从全省侦查人才库统一调用力量，包括法警、司法会计、法医等技术人员参与办理专案，带动各地立案，又以案代训，增强队伍实战能力。二是抓好统计分析和宏观指导。发挥业务数据宏观分析研判功能，全面深入分析，找准影响检察侦查办案质效的“症结”，提升宏观指导实效。三是推进侦查办案规范化。严把立案关口，规范侦查取证行为，严防非法证据。同时，及时总结办案经验，制定有关侦查取证、法律文书等工作规范。四是健全完善案件质量评查机制。将案件质量评查作为检察侦查管理的重要抓手，对侦结案件常规评查全覆盖，重点对撤案、不起诉、无罪、免刑案件评查复盘，乃至追责惩戒。

三、健全检察侦查机制，以不断完善的制度机制保障检察侦查高质效

一是健全业务统筹协调和对下指导机制。二是健全内外沟通协调机制。在刑事检察工作指导小组统筹指导下，与刑事检察各部门加强沟通交流、协作配合。对内，加强沟通协调，健全完善案件线索双向移送机制。扫黑办、控申检察、民事检察、行政检察等部门在履行监督职责中，发现司法不公问题线索的，应及时移送检察侦查部门核查，符合立案条件的坚决查处，不构成犯罪但有违法违纪的，移送检务督察或纪检监察部门处理，实现法律监督链条闭合。对外，强化与纪检监察机关衔接协调，健全完善线索移送、办案协作、工作通报等机制。

加强与公安、法院、司法行政等机关沟通协调，完善技术侦查、调卷阅卷、调监换押等协作机制。三是健全完善线索管理机制。健全线索归口受理、综合研判、异地交办、指导督办等，落实线索核查终结省院统一备案审查机制，提高线索核查质效。四是健全完善拟立案件省院统一审批把关机制。州市院拟立案件报省院审查把关后，层报检察长审批立案侦查。严防立案把关不严出现撤案、不起诉和无罪判决案件。

四、加强机构队伍专业化建设，为检察侦查高质效发展提供组织保障

建立相对独立的侦查机构和队伍，符合侦查发展规律，势在必行。要因地制宜、实事求是推进州市院专设侦查部门，符合条件的基层院可以直接立办案件。但不搞一哄而上，一些人员和案源较少的州市院，可暂不专设机构。省院统筹指导，强化业务培训和岗位练兵，提升侦查人员发现犯罪、讯问突破、取证固证、组织指挥和理论研究能力。建立检察侦查人才库，发挥检察业务专家、优秀侦查员的带动作用。加强大数据法律监督模型应用，提升线索发现、调证取证能力。

从“四个着力”入手依法加强审查逮捕工作

柳小惠[*]

最高人民检察院应勇检察长在全国检察机关刑事检察工作会议上关于依法加强审查逮捕工作的论述，为检察机关落实“两个回归”、高质效办好审查逮捕案件进一步明确了方向。批准逮捕是宪法和法律赋予检察机关的一项重要职权，依法加强审查逮捕工作对于惩治犯罪、维护人权、保障诉讼、防范冤错案、强化法律监督、深化检察履职具有重要意义。

一、在厘清捕诉证明标准上着力，防止标准混同

审查逮捕和审查起诉因所处刑事诉讼阶段和功能定位的不同，决定了提起公诉的证明标准要高于逮捕标准。司法办案中，混同捕诉标准，或者以起诉标准代替逮捕标准，必然导致逮捕标准被人为拔高，影响案件的侦查走向和后续处理。解决和避免此类问题，需要一体抓好审查逮捕业务管理、案件管理和质量管理。一是进一步明确办案标准，在完善最高检原有质量标准基础上，研究制定审查逮捕、审查起诉案件指引，从操作规范上防止混同。二是进一步大胆探索创新。落实全国刑检会关于“坚持捕诉一体办案机制的同时，探索在内部合理设置岗位职责、完善机制”的要求，在办案量较大的基层院刑检部门探索分设审查逮捕岗和审查起诉岗，对重大、疑难、复杂、新型及涉

* 柳小惠，甘肃省人民检察院党组成员、副检察长。

众型案件分岗审查，从办案流程上防止混同。三是进一步压实管理责任。加强内部层级监督管理，发挥检察长、部门负责人对重要法律文书的审核把关作用，把质量管理贯穿办案始终，从源头上防范混同。

二、在报捕案件证据审查上着力，力求全面客观

逮捕具有诉讼的初始阶段性、证据不稳定性和终局结果不确定性，全面、精细审查证据对作出正当、合法、合理的逮捕决定至关重要。一是加强证据能力和证明力审查。在证据资格的审查上，审查逮捕环节要充分发挥诉讼前端的特殊作用，坚决排除非法证据。在证明力的审查上，秉持客观公正，坚持全面审慎，注重分析证据与待证事实的关系，注重证据是否相互印证，得出的结论唯一、排他。二是加强审查办案的亲历性。对于零口供、客观证据存疑，重大疑难复杂敏感的案件，可以通过复勘现场、疑点证据复核、听取意见等方式，确保证据的客观性。三是注重全案证据体系的构建。既要通过逮捕环节的审查固定已有证据，又要在证据体系构建中为指控、审判夯实证据基础。

三、在依法准确适用逮捕措施上着力，确保不枉不纵

逮捕是最为严厉的人身强制措施，检察机关作出批捕与不捕决定都应严格依法。刑事诉讼法规定了径行逮捕、一般逮捕和转捕三种情形，工作中关于径行逮捕和转捕的法律规定可操作性较强，但一般逮捕情形需要认定是否满足逮捕必要性条件，即犯罪嫌疑人是否具有社会危险性，为准确适用逮捕措施增加了难度。司法实践中，必要性条件的衡量和认定具有适用对象的复杂性、条件的多样性和一定的自由裁量空间，把握过严，可能出现该捕不捕、轻纵犯罪；失之过宽，则可能不该捕而捕、构罪即捕。为此，最高检建立了社会危险性由公安机关证明和检察机关不捕说理机制，并在全国多地检察院试点构建社会危险性量化评估体系，以提高社会危险性认定的规范性、科学性和精准性。

四、在提高跟踪监督质效上着力，提升办案质量

补充完善证据工作对于有效追诉、指控犯罪至关重要。一要发挥捕诉一体化机制优势。对于捕后需要继续侦查的案件，督促公安机关按照逮捕案件继续侦查提纲进一步完善证据体系，防止公安机关捕后懈怠侦查。二要重视和加强两类不捕案件的跟踪监督。对证据不足不捕案件，要尽可能列明不捕案件补证提纲，引导公安机关继续侦查。对不构成犯罪不捕案件，要跟踪监督是否及时撤案，避免形成挂案。消除“捕后诉前”监督盲点，有效降低案件在审查起诉阶段的退查率。三要通过完善机制倒逼逮捕质量提升。注重审查逮捕案件宏观质效分析，加强捕后撤案、不起诉、判无罪及复议复核改变原决定等类案件的质量评查，严格落实司法责任制，完善检察权运行制约监督机制。

刑事检察履职实现“两个回归”的基本路径选择

王秋丽*

最高人民检察院党组明确提出，检察履职要做到“两个回归”，即回归到办案基本职责上、回归到具体案件办理上。全国检察机关刑事检察工作会议明确要求，要深刻领悟“两个回归”的深意，立足刑事办案基本职能，坚持证据裁判原则，遵循罪刑法定、罪责刑相适应原则，努力做犯罪的追诉者、无辜的保护者、正义的捍卫者。最高人民检察院应勇检察长的讲话，讲明了刑检工作“是什么”，又讲清了刑检工作“怎么干”，既是认识论又是方法论。刑检工作会议的主题是做到“两个回归”，给出的方法是做实“三个管理”，做实“三个管理”是刑检工作做到“两个回归”的根本路径，而“办”“管”“评”这“三字诀”是刑检履职实现“两个回归”的基本路径，唯有如此，才能真正做实“高质效办好每一个案件”。

一、高质效的案件“办”好是前提

司法责任制确定“谁办案谁负责，谁决定谁负责”，检察官既是办案主体也是责任主体。检察官被赋予包括捕与不捕、诉与不诉、认罪认罚从宽制度适用、违法情形纠与不纠等裁量权，这些都包含在每个案件的“办”字上。因此，高质效办好每一个案件的前提是“办”

* 王秋丽，新疆维吾尔自治区人民检察院党组成员、副检察长。

好。但刑检办案基本功强不强，则决定着检察官是否能“办”好每一个案件。比如，一名检察官入职经历短，办案经历特别是刑事办案经历更短，如果再缺乏任职前的系统培训，“办”好每一个案件的基本功就显得先天不足，加之传统刑检工作发展中以老带新和传帮带做法得不到好的传承，就可能会出现一些常识性错误，基本规范不清、基本程序不明，反映出对逮捕、起诉案件如何审查，如何在审查中监督、在监督中审查等认识不到位、思路不清晰，构建证据体系意识不强等。因此，提高检察官“办”的基本能力至关重要。

二、高质效的案件“管”好很关键

案件决定程序从过去行政审批模式转变为“谁办案谁负责，谁决定谁负责”模式后，在有的地方存在审核管理责任落实不够问题，从部门负责人到分管检察长的审核管理责任成为一项“软任务”，给检察官授权后更多的是信任，缺少监督容易使信任变成放任。加强每一个案件的审核管理很关键。为此，必须压实业务部门及负责人的审核责任，无论是谁决定，均应建立起审核管理程序。该审核管理并非过去的审批决定，即不能随意改变检察官的决定，审核即把关。该审核管理程序，一方面要在检察内卷中落实下来，另一方面要在检察业务应用系统中嵌入。

三、高质效的案件“评”好很重要

抓实“三个管理”的基本方式也是有效方式之一，应当是评查。每个高质效案件，除了“办”好、“管”好，“评”好也很重要。近几年，质量评查主要依靠案管部门，有的地方办案人自评自查、部门抽查，评查并未建立有效机制。案件自查评查、部门交叉评查在案管部门有限评查基础上更需成为常态。因此，建立检察官自查、部门评查机制势在必行。具体可考虑，适当延长卷宗归档期限，在装卷归档前完成自查，在检察内卷中放置自评表，作为案件办结的规定标准，倒逼检察官“回头看”质量。部门负责人应当定期对所有办结案件组织交叉检查或抽查，帮助检察官查漏补缺，再把质量关，对此也作为规定的程序嵌入卷宗，评查之后再决定是否按时归档，通过评查促进案件质量提升。

Quanwei Jiedu

权威解读

最高人民检察院关于印发《人民检察院办理伤害类案件技术性证据实质审查工作规定》和《伤害类案件人体损伤程度鉴定意见专门审查指引》的通知

（高检发办字〔2024〕239号）

各省、自治区、直辖市人民检察院，解放军军事检察院，新疆生产建设兵团人民检察院：

为推动实现新时代检察机关高质效办好每一个案件的基本价值追求，强化伤害类案件技术性证据审查实质化，进一步提升伤害类案件审查办理的专业化、规范化水平，最高人民检察院结合工作实际，制定了《人民检察院办理伤害类案件技术性证据实质审查工作规定》和《伤害类案件人体损伤程度鉴定意见专门审查指引》，现印发你们，请认真抓好贯彻落实。贯彻落实中遇到的重要问题、形成的经验做法，请及时层报最高人民检察院。

最高人民检察院

2024年10月12日

人民检察院办理伤害类案件技术性证据实质审查工作规定

第一条 为高质效办好每一个案件，强化伤害类案件技术性证据审查实质化，进一步提升伤害类案件审查办理的专业化、规范化水平，根据法律和有关规定，结合检察工作实际，制定本规定。

第二条 本规定所指伤害类案件，是指行为涉及损害他人身体健康，破坏他人身体机能的刑事案件。

第三条 本规定中技术性证据实质审查，是指人民检察院在案件办理过程中，对案件中的鉴定意见、勘验笔录、检查笔录、视听资料、电子数据等技术性证据及其所依据的基础性材料，运用专业技术知识、逻辑和经验，对其合法性、客观性、关联性和科学性进行全面审查的活动。

第四条 开展技术性证据实质审查，应当遵守法律规定，遵循技术标准和规范，坚持客观公正、全面审查、科学解释原则。

第五条 检察官应当综合全案证据，审查判断技术性证据是否客观、真实反映案件事实，发现和排除技术性证据与其他证据之间、技术性证据与案件事实之间以及技术性证据之间的矛盾。需要对技术性证据进行专门审查的，可以按照有关规定交由检察技术人员或者其他有专门知识的人进行审查并出具审查意见。

检察技术人员应当运用专门知识，审查技术性证据及其基础性材料，解决案件中的专门性问题，为查明案件事实提供技术支持。

第六条 对伤害类案件鉴定意见的审查，应当着重审查鉴定机构和鉴定人是否具有法定资质，鉴定程序是否合法，检材是否可靠，鉴定时机是否适当，鉴定标准是否有效，鉴定方法和过程是否科学，鉴定依据是否充分，论证分析是否客观、全面、严谨，鉴定意见是否明确，鉴定意见与案件事实有无关联等。

应注重结合伤害类案件的特点，审查评定损伤程度、残疾等级依据的病历资料、检材是否完整、可靠，被害人后续治疗及恢复情况的相关材料是否收集移送，鉴定机构在伤情认定、标准适用方面是否符合专业规范要求，不同鉴定意见产生矛盾的原因等。

第七条 伤害类案件鉴定意见涉及成伤机制或致伤方式的，应当依据损伤的类型、部位、大小、程度、形态、分布等特征，结合案情和现场勘验、视听资料等情况，综合损伤形成过程及致伤物特征进行分析判断。着重审查损伤的性质、外力作用的方式、伤情新旧程度、损伤发生的生物力学或者病理生理学机制，排除诈伤（病）、造作伤、陈旧伤与攻击伤等。结合骨折部位与受力部位区分直接外力或是间接外力；结合损伤部位、形态、分布、试切创等特征排除造作伤。

第八条 伤害类案件鉴定意见涉及伤病关系的，应当调取与鉴定有关的病历资料、影像学资料等基础性材料，着重审查损伤或者疾病是否符合医学转归规律，分析既往损伤或疾病与本次损伤之间的关系，是否存在医疗介入因素等，综合判断伤病关系鉴定意见是否客观、准确。

通过审查致伤过程、病历资料、影像学资料、诊疗过程等，综合分析病理过程的连续性和时间间隔规律性。对于损伤与既往伤、病并存，损伤独自存在不能造成现有后果的，应着重审查是否对损伤程度降级评定或者不作评定。

第九条 伤害类案件鉴定意见涉及损伤形成时间的，应当依据损伤的形态特征，区分新鲜伤与陈旧伤，重点关注损伤的愈合过程及其动态变化，结合骨痂形成时间、创口愈合周期变化等，排除与案件无关的陈旧性损伤或者自身病理改变。

第十条 对勘验、检查笔录的审查，应注重结合伤害类案件的特点，关注证据收集、制作程序是否合法，通过审查勘验、检查笔录，根据作案工具、打斗痕迹、现场血迹分布等还原案发现场状况，判断犯罪嫌疑人案发时是否在现场、造成他人人身伤害的过程等。

第十一条 对视听资料的审查，应注重结合伤害类案件的特点，关注反映案件现场的录音、录像资料的来源，对提取情况是否有明确记录；现场录音、录像资料是否封存完好，形式要件是否齐备；录音、录像资料是否经过技术处理或者剪辑。注重审查视听资料显示时间与实际时间是否存在误差，是否有侦查人员、视听资料所有人、见证人签字捺印的时间校对说明，是否能够完整体现造成人身伤害的全过程等。

第十二条 对电子数据的审查，应注重结合伤害类案件的特点，关注电子数据的来源，是否移送原始存储介质，是否附有笔录、清单，形式要件是否齐备，电子数据取证方法是否符合相关技术标准，确保电子数据完整性、真实性、合法性。注重审查涉案的微信记录、手机短信记录、网上聊天记录、手机转账记录等电子数据，判断造成伤害后果的主观心态，是否共同犯罪，有无预谋、纠集、分工、实施等。

第十三条 在技术性证据审查过程中，发现证据收集不符合法定程序的，应当依法及时要求侦查机关予以补正或者作出合理解释；不能补正或者无法作出合理解释，可能严重影响司法公正的，对该证据应当依法予以排除。

第十四条 伤害类案件审查办理中，检察官可以就有关专门性问题向检察技术人员咨询，或者邀请检察技术人员列席检察官联席会议、参与案件会商研究等，协助解决专门性问题或者就专门性问题发表意见。

检察官讯问犯罪嫌疑人，询问被害人、鉴定人、证人等，调取与技术性证据相关的基础性材料，或者补充收集其他有关证据时，可以邀请检察技术人员协助。

第十五条 检察官在办理伤害类案件中，发现具有以下情形之一的，一般应当委托进行技术性证据专门审查：

（一）同一专门性问题有两份以上鉴定意见且相互矛盾无法排除的；

（二）起关键性作用的技术性证据与其他证据之间存在明显矛盾且无法排除的；

（三）当事人及其诉讼代理人、法定代理人、辩护人等对技术性证据提出异议，足以影响证据采纳的。

第十六条 检察官在办理伤害类案件中，发现具有以下情形之一的，可以委托进行技术性证据专门审查：

（一）对技术性证据中伤害行为与伤害结果之间因果关系、原因力大小等有疑问的；

（二）对技术性证据材料涉及的鉴定时机、致伤物推断、成伤机制、伤病关系等专业技术问题有疑问的；

（三）技术性证据材料决定罪与非罪、罪轻与罪重等关键性问题，对定罪量刑有重大影响的；

（四）对技术性证据与在案其他证据材料间存在的矛盾有疑问的；

（五）其他需要委托专门审查的情形。

第十七条 经审查，认为鉴定意见具有下列情形之一的，应当补充鉴定：

（一）原委托鉴定事项有明显遗漏的；

（二）发现新的有鉴定意义的证物的；

（三）对原鉴定证物有新的鉴定要求的；

（四）鉴定意见不完整，委托事项无法确定的；

（五）其他需要补充鉴定的情形。

第十八条 经审查，认为鉴定意见具有下列情形之一的，应当重新鉴定：

（一）鉴定机构或者鉴定人不具备鉴定资质的；

（二）鉴定人应当回避而未回避的；

（三）送检材料不真实或者不具备鉴定条件的；

（四）鉴定程序违法或者违反相关专业技术要求的；

（五）有证据证明鉴定意见确有错误的；

（六）其他可能影响鉴定客观、公正情形的。

重新鉴定时，应当另行指派或者聘请鉴定人。

第十九条 检察官委托开展技术性证据专门审查的，应当按照规定履行委托手续，移送相关证据材料。本院无相应专业检察技术人员的，可以按规定委托上级检察技术职能部门办理。

第二十条 检察技术职能部门接受委托后，应根据委托事项，依据相关规定，一般应在受理之日起5个工作日内完成并出具相关文书。对于疑难复杂、补充材料等情形需要延长审查时间的，应向委托部门说明原因后及时办理。

对伤害类案件中鉴定意见等技术性证据审查工作按照《伤害类案件人体损伤程度鉴定意见专门审查指引》等规定执行。

检察技术人员对技术性证据专门审查意见承担相应司法责任。

第二十一条 检察技术人员出具专门审查意见后，应当及时向检察官解释审查中发现的问题，必要时协助检察官开展重新鉴定、补充

鉴定、补充收集和固定相关证据等工作，进一步完善证据体系。

第二十二条 技术性证据专门审查意见可以作为检察官判断运用证据或者作出相关决定的依据，必要时可以提交法庭。

第二十三条 人民法院决定开庭后，必要时，检察官可以邀请检察技术人员协助做好法庭讯问、询问、举证、质证、辩论等庭审中可能涉及的专门性问题的准备工作。

第二十四条 伤害类案件法庭审理中，检察官可以向法庭申请检察技术人员出庭，就相关专门性问题发表意见。

当事人或者辩护人、诉讼代理人对技术性证据专门审查意见有异议，人民法院认为检察技术人员有必要出庭的，检察技术人员应当出庭就审查意见进行解释说明。

第二十五条 对伤害类案件中涉及的疑难复杂专门性问题，检察官、检察技术人员可以组织召开专家论证会。专家费用参照相关规定从办案经费中列支。

检察官可以根据案件需要，邀请检察技术人员参加刑事和解、公开听证、公开宣告、当面答复等活动，就案件中的专门性问题进行解释说明。

在开展技术性证据实质审查中发现可能影响合法性、客观性、关联性和科学性的普遍性问题，检察官可以在检察技术人员的协助下对相关事项开展调查核实，向有关部门制发检察建议。

第二十六条 技术性证据的专门审查交由检察技术人员以外的其他有专门知识的人进行的，参照本规定及其他相关规定。

第二十七条 本规定自发布之日起施行。

伤害类案件人体损伤程度鉴定意见专门审查指引

前 言

本文件按照 GB/T 1.1—2020《标准化工作导则 第 1 部分：标准化文件的结构和起草规则》的规定起草。

请注意本文件的某些内容可能涉及专利。本文件的发布机构不承担识别专利的责任。

本文件由最高人民检察院检察技术信息研究中心提出并归口。

本文件起草单位：最高人民检察院检察技术信息研究中心、北京市人民检察院、河北省人民检察院、山西省太原市人民检察院、辽宁省人民检察院、江苏省人民检察院、浙江省人民检察院、福建省人民检察院、山东省人民检察院、湖北省人民检察院、重庆市人民检察院、四川省人民检察院、四川省成都市人民检察院。

本文件主要起草人：李运策、高冲、邢庭、洪翔、陈猛、李忠华、娄春光、罗雁彬、王昌亮、王琦玮、张磊、谭亮、王泓杰、朱鹏、方超、许杰、林宇新、李元元、郝婷、吉驰、冯秀春。

1 范围

本指引规定开展伤害类案件人体损伤程度鉴定意见专门审查工作的一般程序与特定要求。本指引适用于办理伤害类案件中关于人体损伤程度鉴定意见的专门审查工作。其他类案件中涉及人体损伤程度鉴定意见专门审查的，参照本指引执行。

2 规范性引用文件

下列文件中的内容通过文中的规范性引用而构成本文件必不可少的条款。其中，注日期的引用文件，仅该日期对应的版本适用于本文件；不注日期的引用文件，其最新版本（包括所有的修改单）适用于本文件。

《人体损伤程度鉴定标准》

《人体损伤致残程度分级》

《人民检察院技术性证据专门审查工作规定》

《人民检察院法医工作细则》

《医疗事故分级标准（试行）》

ZGJ/J 004　最高人民检察院法医临床鉴定专门审查指引

GA/T 1970　法医临床学检验规范

SF/T 0111　法医临床检验规范

3 术语和定义

下列术语和定义适用于本文件。

3.1 伤害类案件

是指行为涉及损害他人身体健康，破坏他人身体机能的刑事案件。

3.2 人体损伤程度

是指各种致伤因素所引起的人体组织器官结构破坏或者功能障碍的程度。包括重伤一级和重伤二级、轻伤一级和轻伤二级、轻微伤。

3.3 重伤

使人肢体残疾、毁人容貌、丧失听觉、丧失视觉、丧失其他器官功能或者其他对于人身健康有重大伤害的损伤，包括重伤一级和重伤二级。

3.4 轻伤

使人肢体或者容貌损害，听觉、视觉或者其他器官功能部分障碍或者其他对于人身健康有中度伤害的损伤，包括轻伤一级和轻伤二级。

3.5 轻微伤

各种致伤因素所致的原发性损伤，造成组织器官结构轻微损害或者轻微功能障碍。

3.6 伤病关系

在人体损伤程度鉴定中，指本次损伤与既往伤/病在损伤后果中所起作用的大小关系。

3.7 成伤机制

依据人体损伤的类型、形态、分布、程度等特征，结合案情、现场勘验及可疑致伤物特征，对损伤发生的生物力学或病理生理学机制进行分析、判断。

3.8 并发症

指一种损伤引起另一种疾病或综合征的发生，或合并发生了几种疾病或综合征。

3.9 后遗症

在损伤基本好转后遗留下来的某种组织、器官的缺损或者功能上的障碍。

3.10 鉴定时机

损伤所致的伤情以及并发症、后遗症已经明确或者后果已达到稳定状态，并可以依据上述状态开展鉴定的时间要求。

4 专门审查原则

坚持程序审查与实体审查相结合，过程审查与意见审查相结合，书面审查与复核审查相结合，专业审查与关联审查相结合的原则。

5 专门审查依据

5.1 鉴定相关的法律、法规以及规范性文件等。

5.2 鉴定事项所涉及的专业领域基本原理、基本理论以及现行有效的技术标准和技术规范、专家共识等。

5.3 技术性证据专门审查的相关规范流程。

5.4 参考实验室认可或资质认定的相关规则。

5.5 伤害类案件人体损伤程度鉴定意见专门审查工作，依据的国家标准、行业标准、技术规范和技术方法（本指引统称技术规范），应当遵守下列顺序：

a）国家标准；

b）行业标准和技术规范；

c）相关领域多数专家认可的技术方法。

6 专门审查过程及方法

6.1 伤害类案件人体损伤程度鉴定意见专门审查工作，主要包括程序性审查、实体性审查两个方面。包括但不限于审查人体损伤程度鉴定、致伤物推断、致伤方式、成伤机制、伤病关系等意见以及审查人体损伤程度鉴定意见与法医物证鉴定、痕迹鉴定、声像资料鉴定等其他意见的关联性等。

6.2 审查前，应详细了解案情、委托审查事项等，全面掌握可能与损伤相关的案件基本情况。

6.3 送审材料应当满足法医临床鉴定专门审查工作需要。必要时，由委托方及时补充有可能影响审查意见的材料。审查时限从补充材料后重新计算。

6.4　审查人应核对并记录委托方送审材料的名称、数量，并了解材料的来源、收集方法、形成过程等。

6.5　对于 X 线片、CT 片、MRI 片等医学影像学资料，要核实阅片所见与所送医学影像学胶片或电子媒介载体资料是否对应，必要时调取医学影像学原始数据。

6.6　审查过程中，审查人可以查阅、摘抄、复制有关案卷材料。

6.7　对于疑难复杂的专门审查，可以召开专家论证会或邀请其他有专门知识的人等协助开展审查。

6.8　依据委托方提供的材料及委托要求，审查人提出审查意见并出具专门审查意见书。

7　人体损伤程度鉴定意见的程序性审查

7.1　主要是对检验鉴定的委托、受理、检验、鉴定等程序的合法性进行审查。具体参见《最高人民检察院法医临床鉴定专门审查指引》（ZGJ/J 004—2022）。

7.2　出具鉴定的鉴定机构和鉴定人是否具有相应资质。

8　人体损伤程度鉴定意见的实体性审查

主要对鉴定文书中关于鉴定材料、标准方法、检验过程、分析论证、鉴定意见的客观性、科学性等开展专门审查。

8.1　鉴定材料的审查

8.1.1　鉴定材料是否符合鉴定条件，数量和质量是否符合鉴定要求。

8.1.2　病历记载、医学影像学资料以及其他实验室辅助检查结果等，是否符合伤（病）临床进展规律，其内容能否相互印证。

8.1.3　鉴定文书资料摘录的内容与鉴定材料是否一致，有无遗漏关键内容。

8.2　标准方法的审查

8.2.1　鉴定标准的审查

8.2.1.1　所适用的标准是否遵循位阶规定，优先选用国家标准、行业标准。

8.2.1.2　所适用的标准是否准确。

8.2.1.3　对于致人损伤的行为发生在 2014 年 1 月 1 日《人体损伤程度鉴定标准》正式实施前的案件的鉴定，按照《最高人民法院关于执行〈人体损伤程度鉴定标准〉有关问题的通知》（法〔2014〕3 号）执行，按照相对应的鉴定标准专门审查。

8.2.1.4　鉴定适用《人体损伤程度鉴定标准》相关条款是否适当。

8.2.2　鉴定方法的审查

8.2.2.1　鉴定方法的选择是否适当。

8.2.2.2　具体涉及长度、面积、比例、活动度、功能障碍等检查方法是否准确。

8.3　鉴定过程的审查

8.3.1　鉴定时机是否恰当

以原发性损伤为主要鉴定依据的，对于原发性损伤认定是否准确、完整；以损伤所致的并发症为主要鉴定依据的，是否在伤情稳定后进行鉴定；以容貌损害或者组织器官功能障碍为主要鉴定依据的，是否符合标准和技术规范的鉴定时限要求；在诉讼需要等特殊情况下，根据原发性损伤及其并发症提前作出人体损伤程度鉴定意见的，是否对有可能出现的后遗症加以说明，是否明确必要时应进行复检并予以补充鉴定。

8.3.2　检查项目是否完善

具体损伤选择的检查项目是否有针对性，是否进行必要的血液、尿液、脑电图、肌电图等实验室检查，X线、CT、MRI等医学影像学检查，视觉、听觉等功能性检查等。

8.3.3　检查结果是否可信

主、客观检查结果是否存在矛盾，检查结果是否可信。

8.4　分析论证及鉴定意见

8.4.1　引用的专家咨询意见是否准确。

8.4.2　分析论证依据是否充分，论证过程是否客观、科学、严谨、规范，分析论证与鉴定意见关联性是否紧密。

8.4.3　鉴定意见所依据的损伤鉴定标准条款是否准确。

8.4.4　鉴定意见表述是否明确，有无歧义。

8.4.5　鉴定文书附件照片是否完整，能否客观反映损伤检验情况。

8.4.6　鉴定意见与其他技术性证据能否印证。

8.5　伤病关系

8.5.1　是否存在影响鉴定意见的既往伤/病史，其性质及严重程度如何。

8.5.2　损伤或者疾病是否符合临床演进和转归，送审材料能否相互印证。

8.5.3　是否对损伤后果与既往伤/病之间的关系进行分析。

8.5.4　伤病关系评定是否恰当。

8.6　医疗因素

8.6.1　是否存在可能影响鉴定意见的医疗因素。

8.6.2　是否对上述医疗因素进行评价。

8.6.3　医疗因素的评价是否适当。

8.6.4　鉴定意见对医疗因素的考量是否准确。

8.7　致伤物推断

8.7.1　特征性损伤是否明确。

8.7.2　是否结合现场勘验、辅助检查，发现及获取特征性要素。

8.7.3　对致伤物类型、大小、质地、重量及作用面形状等分析推断是否客观、科学。

8.7.4　必要时进行模拟实验予以印证。

8.8　成伤机制分析

8.8.1　是否根据损伤的类型、形态、分布、程度等综合判断。

8.8.2　是否结合病历资料、原始检查记录、医学影像学检查结果、辅助检验、当事人陈述等综合分析。

8.8.3　是否结合现场勘验、人身检查、视听资料、衣着检查等综合分析。

8.8.4　直接外力或间接外力作用等成因分析依据是否充分，论证是否客观、科学。

8.8.5　必要时，需要结合其他技术性证据综合判断。

8.9　诈伤（病）、造作伤鉴别

8.9.1　是否鉴别存在诈伤（病）、造作伤的情形。

8.9.2　相关体格检查、辅助检查等是否规范、全面。

8.9.3　诈伤（病）、造作伤的判断依据是否充分。

8.10　新鲜伤、陈旧伤判断

8.10.1　损伤形态、颜色及修复改变等特征是否具体、典型。

8.10.2　是否结合医学影像学、病理学等其他检查结果综合判断。

8.10.3　对既往就医病历进行审查，分析是否符合临床演进和转归。

9 两份以上不同鉴定意见的审查

9.1 审查不同鉴定意见的描述以及关键论述分歧点。

9.2 分析因鉴定材料、标准条款、鉴定时机、理解适用等产生不同鉴定意见的主、客观原因，并提出专门审查意见。

9.3 必要时，提出补充鉴定、重新鉴定或其他建议。

10 常见人体损伤程度鉴定意见的审查

10.1 颅脑、脊髓损伤

10.1.1 颅骨骨折、颅内出血和颅神经损伤

10.1.1.1 是否有明确的颅脑外伤史，损伤基础、因果关系是否明确。

10.1.1.2 是否有明确的脑受压症状、体征，临床表现是否典型。

10.1.1.3 是否明确为原发性损伤或继发性损伤表现。

10.1.1.4 是否有明确的医学影像学资料、手术记录、电生理等临床检查结果与损伤相印证。

10.1.1.5 医学影像学检查结果是否明确，必要时随观复查。

10.1.1.6 是否存在迟发性损伤改变；若存在，是否符合损伤后的临床演进和转归。

10.1.2 运动障碍

10.1.2.1 是否有确切的神经损伤表现及必要的电生理、医学影像学检查依据。

10.1.2.2 神经定位诊断及损伤基础与肢体瘫痪、非肢体瘫运动障碍的部位、范围、性质和程度是否对应，或者能够作出合理解释。

10.1.2.3 非肢体瘫运动障碍，是否存在肌张力增高、共济失调、不自主运动、震颤等症状，是否存在大、小便失禁，是否有相关客观

检查佐证。

10.1.3　智能减退和器质性精神障碍

10.1.3.1　智能减退和器质性精神障碍的发生、发展与颅脑损伤是否有明确的因果关系，并排除原发性、功能性及其他原因所致。

10.1.3.2　医学影像学、脑电图等辅助检查是否证实有颅脑损伤基础。

10.1.3.3　智能减退和器质性精神障碍程度的认定是否符合有关技术规范。

10.1.4　脊髓损伤

10.1.4.1　是否有明确的外伤史，损伤基础和因果关系是否明确。

10.1.4.2　是否已经临床治疗终结或者功能稳定后进行的鉴定。

10.1.4.3　鉴定检查认定的脊髓损伤部位、范围、性质和程度是否有病历记载、医学影像学检查佐证，是否符合损伤或者疾病的临床演进和转归。

10.1.4.4　是否排除伪装、癔症等因素，并与肌肉病变、脑部病变和周围神经病变相鉴别。

10.2　面部损伤

10.2.1　外伤史是否明确。

10.2.2　外伤与面部损伤后果之间是否具有因果关系。

10.2.3　原发性损伤描述、记录、测量等是否客观、科学。

10.2.4　牙损伤等是否考虑伤病关系。

10.2.5　是否存在扩创的情形，扩创是否确因治疗需要。

10.2.6　盲管创、扩创创口长度的计算方法是否准确。

10.2.7　面部区域以及中心区的划分是否准确，跨部位损伤的计算是否符合规范。

10.2.8　面颅骨骨折外伤史是否明确，是否有医学影像学检查结果支持，骨折的部位、类型、数量等是否准确。

10.2.9　是否有与损伤类型相应的临床症状、体征。

10.2.10　是否有医学影像学、电生理等客观诊断依据。

10.2.11　功能障碍、容貌毁损鉴定是否在医疗终结、伤情稳定后进行。

10.3　外伤性鼓膜穿孔

10.3.1　是否有明确的耳部外伤史。

10.3.2　外伤性鼓膜穿孔成伤机制是否明确。

10.3.3　鼓膜穿孔是否有相应的电子耳镜等检查结果佐证。

10.3.4　鼓膜穿孔 6 周不能自行愈合是否与原发性损伤严重程度相关联。

10.3.5　鼓膜穿孔是否排除自身疾病、造作伤等情形。

10.4　听器听力损伤

10.4.1　鉴定是否在临床治疗终结或者听觉功能障碍程度相对稳定后进行。

10.4.2　有无明确的耳部或者听觉通路外伤史，案情、病历等资料反映的伤后听力障碍症状、体征是否明确。

10.4.3　鉴定检查是否符合听觉功能障碍的相关技术规范。

10.4.4　是否结合病历资料、鉴定检查反映的症状、体征、听觉功能检查、医学影像学检查等进行综合分析。

10.4.5　损伤与听力障碍的因果关系是否明确，是否排除既往损伤或者疾病因素。

10.4.6　主观测听与客观测听结果不一致时，是否排除伪聋等。

10.5 视器视力损伤

10.5.1 鉴定是否在临床治疗终结或者视觉功能障碍程度相对稳定后进行。

10.5.2 有无明确的眼部或者视觉通路外伤史，案情、病历等资料反映的伤后视力障碍症状、体征是否明确。

10.5.3 鉴定检查是否符合视觉功能障碍的相关技术规范。

10.5.4 是否结合病历资料、鉴定检查反映的症状、体征、视觉功能检查、医学影像学检查进行定位诊断。

10.5.5 损伤与视力障碍的因果关系是否明确，是否排除自身疾病影响。

10.5.6 行为视力与眼球形态结构检查、视觉电生理检查结果不符时，是否进行客观的分析论证，是否排除伪盲等其他原因所致的视力障碍。

10.6 胸、腹部损伤

10.6.1 胸、腹部脏器损伤

10.6.1.1 是否有明确的胸、腹部外伤史。

10.6.1.2 病历记载是否有胸、腹部损伤的具体描述，包括部位、大小和程度等。

10.6.1.3 脏器损伤与体表损伤部位是否对应，与案情反映的致伤方式是否吻合。

10.6.1.4 是否排除既往损伤或者疾病等因素，是否有相关实验室检验、医学影像学检查印证。

10.6.1.5 手术适应症是否准确，能否排除单纯探查性手术或者过度医疗。

10.6.2　迟发性脾脏破裂、迟发性腹膜后出血等迟发性损伤

10.6.2.1　是否有明确的外伤史。

10.6.2.2　是否明确损伤基础和因果关系。

10.6.2.3　是否排除再次受伤等情形，是否存在动态复查的影像学或血生化检验记录，是否存在生命体征变化记录。

10.6.2.4　经手术治疗的，是否有病理检验结果佐证迟发性损伤的病理改变。

10.6.3　肋骨骨折

10.6.3.1　是否有明确的胸部外伤史，伤后是否有相应的临床表现。

10.6.3.2　肋骨骨折与体表损伤部位是否相称，是否符合案情反映的致伤方式。

10.6.3.3　肋骨骨折部位、数量认定是否符合相关技术规范。

10.6.3.4　多根多处肋骨骨折部位和程度是否符合外伤作用的过程。

10.6.3.5　肋骨骨折的认定是否综合运用多种医学影像学检查技术，是否排除伪影。

10.6.3.6　是否排除陈旧性骨折、解剖变异或疾病等因素。

10.6.3.7　肋骨骨折的成伤机制推断是否客观、科学。

10.7　脊柱与四肢损伤

10.7.1　脊柱、四肢骨折

10.7.1.1　骨折的部位、形态、数量是否明确。

10.7.1.2　骨折线有无累及关节面。

10.7.1.3　是否区分新鲜骨折与陈旧骨折。

10.7.1.4　脊骨骨折、四肢骨折的成伤机制推断是否客观。

10.7.1.5　是否考虑骨质疏松、骨髓炎等个体因素，伤病关系处理是否得当。

10.7.2　骺板骨折

10.7.2.1　是否针对儿童或者四肢长骨骨骺尚未完全闭合的青少年作出鉴定。

10.7.2.2　是否分析论证损伤基础和因果关系，并排除既往损伤或者疾病等因素。

10.7.2.3　鉴定依据的医学影像学检查是否满足鉴定需要，必要时是否进行双侧检查和对照。

10.7.2.4　骨折线累及骺板的医学影像学判断标准是否符合相关技术规范。

10.7.3　周围神经损伤

10.7.3.1　是否在医疗终结或者周围神经损伤后遗留功能障碍相对稳定后进行鉴定。

10.7.3.2　是否分析论证损伤基础和因果关系，并排除既往损伤或者疾病等因素。

10.7.3.3　是否根据神经损伤症状和体征，是否进行合适的电生理检查，并进行双侧对照。

10.7.3.4　病历资料、鉴定检查反映的症状、体征、神经电生理检查动态改变是否符合损伤或者疾病的临床演进和转归，检查结果之间能否印证。

10.7.3.5　是否以原发性损伤及其并发症、后遗症为基础，根据临床表现、多种组合肌电图测试结果，全面分析、综合鉴定。

10.7.4　关节功能障碍

10.7.4.1　是否有明确的外伤史，损伤基础是否与关节功能障碍相符。

10.7.4.2　关节活动度测量是否考虑内固定在位的影响因素。

10.7.4.3　是否有肌萎缩等临床表现和医学影像学检查佐证，一侧关节功能障碍的，是否与健侧进行对照。

10.7.4.4　关节功能检查是否符合相关技术规范，是否根据鉴定事项不同，正确选择测量关节的被动或者主动活动度作为鉴定依据。

10.7.4.5　关节功能是否存在康复治疗不足等因素。

10.8　手损伤

10.8.1　是否有明确的手部外伤史。

10.8.2　外伤基础和手损伤后果的因果关系是否明确。

10.8.3　手损伤的致伤方式、成伤机制是否明确，排除诸如攻击伤等致伤方式。

10.8.4　是否有必要的损伤照片、医学影像学检查、手术记录等佐证。

10.8.5　手功能检查是否符合相关技术规范。

10.8.6　手功能障碍程度计算是否准确。

10.8.7　是否存在康复治疗不充分因素。

10.9　体表损伤

10.9.1　损伤检查是否详细描述体表擦伤、挫伤、创口、瘢痕以及撕脱伤的损伤部位、长度、面积、深度、颜色、性状等。

10.9.2　鉴定文书是否附有带比例尺、清晰可辨的损伤照片或者查体照片。

10.9.3　体表损伤测量体位、方法、方式是否符合相关技术规范。

10.9.4　挫伤面积、皮肤创口及瘢痕长度测量方法是否明确，结果是否准确。

10.9.5　病历资料反映的体表损伤及其治疗方式是否与鉴定检查结果相对应，或者能作出合理解释。

10.9.6 鉴定文书所附照片是否能佐证体表损伤测量结果。

10.9.7 两个部位以上创口或者瘢痕的累加计算，是否符合相关技术规范。

10.10 其他损伤

10.10.1 休克

10.10.1.1 是否有明确的外伤史。

10.10.1.2 案情、病历等资料反映的损伤血管及其严重程度是否明确，是否有手术记录、医学影像学检查证实。

10.10.1.3 休克的损伤基础是否明确，损伤血管及其严重程度是否与出现休克及其程度相吻合。

10.10.1.4 收缩压是否为连续动态观察，是否排除其他疾病或药物等因素所致的血压下降。

10.10.1.5 被鉴定人血压（收缩压）、脉搏和全身状况的动态变化，病历资料反映的红细胞计数、血红蛋白等血常规、血气分析指标变化，是否与失血程度相称，并符合输血、补液等休克治疗的临床演进和转归。

10.10.1.6 休克程度的认定是否符合有关技术规范规定的休克轻、中、重度标准。

10.10.2 呼吸困难

10.10.2.1 依据案情、病历等资料，审查呼吸困难的病因、病理基础和临床表现是否相符合。

10.10.2.2 是否排除短暂的创伤后应激性呼吸浅快或情绪性呼吸波动以及癔症性呼吸困难。

10.10.2.3 呼吸频率、血气分析、肺功能检查及医学影像学检查的病变程度是否与呼吸困难程度一致。

10.10.2.4　呼吸困难分级是否明确。

10.10.3　挤压综合征

10.10.3.1　审查案情、病历等资料，判断损伤的部位、性质及严重程度等是否明确。

10.10.3.2　是否符合人体肌肉丰富的四肢与躯干部位因长时间受压（如暴力挤压）或者其他原因造成局部循环障碍，引起肌肉缺血性坏死，出现肢体明显肿胀、肌红蛋白尿及高血钾等为特征的急性肾功能衰竭表现。

10.10.3.3　损伤作用持续时间、范围、严重程度是否符合认定挤压综合征的技术规范，是否排除其他疾病引起的急性肾功能衰竭。

10.10.3.4　肌红蛋白尿试验，肌酸磷酸激酶（CPK）、血气分析异常等实验辅助检查结果是否符合挤压综合征分级标准。

10.10.4　脂肪栓塞综合征

10.10.4.1　外伤史、潜伏期、临床表现和辅助检查结果是否和临床诊断相符合。

10.10.4.2　完全型与不完全型分类是否明确。

10.10.4.3　是否存在永久性神经损害。

10.10.5　急性呼吸窘迫综合征

10.10.5.1　外伤史、临床表现、血气分析和胸部X线检查结果是否相符合。

10.10.5.2　急性呼吸窘迫综合征五项诊断标准是否明确。

10.10.5.3　是否区别于中枢抑制、胸壁损伤、气胸以及慢性肺部疾患所致的呼吸困难。

10.10.5.4　急性呼吸窘迫综合征的分度是否准确。

10.10.6　电击伤

10.10.6.1　结合视听资料、电子数据、医学资料及其他证明材料，判断损伤是否符合电击所致。

10.10.6.2　对电击源进行审查，了解电击源的性质、特征。

10.10.6.3　体表损伤是否与电击源类型相吻合。陈述的症状和医学资料记载是否符合相应电击作用所致的表现。

10.10.6.4　并发症是否由电击直接或间接作用导致。

10.10.6.5　电警棍造成的体表损伤，应了解涉案或同类型电警棍的类型、电压、电极间距等参数，记录体表损伤特点、测算体表损伤面积，并参照烧烫伤相关标准进行评定。

11　专科检查的审查

11.1　医学影像学检查

11.1.1　在X线、CT、MRI等检查结果中，影像学资料中记载的受检者姓名、年龄、性别、检查号码、科别、检查时间等标识信息与案情资料、临床病历资料是否一致。

11.1.2　影像学资料与体格检查以及其他辅助检查结果是否相符合。

11.1.3　影像学资料是否充分，检查结果是否明确。

11.1.4　利用影像学数据进行测量和计算的方法是否明确，结果是否准确。

11.1.5　检查结果是否存在图像质量、误差、伪影等影响因素。

11.1.6　需要进行影像学同一认定、前后影像学改变对比以及有必要采取其他检查方法时，是否进行必要的复查、复检。

11.1.7　必要时，调取影像学原始数据进行复阅。

11.2 关节功能检查

11.2.1 关节损伤的病理基础是否明确。

11.2.2 关节活动度的运动方向选取是否适当。

11.2.3 关节活动度检测方法是否准确。

11.2.4 主动运动活动度、被动运动活动度的测量是否符合规范。

11.2.5 “查表法”评定关节功能是否适当。

11.2.6 关节活动度丧失程度是否准确。

11.2.7 有无可能存在夸大或伪装的情形。

11.3 听觉、视觉功能检查

11.3.1 听觉功能检查

11.3.1.1 检查时机是否恰当，听力障碍伤情是否稳定。

11.3.1.2 纯音听阈测试、声导抗、听性脑干反应、耳声发射或耳蜗电图测试等方法使用是否恰当，结果是否客观、准确。

11.3.1.3 听力检查结果误差是否明晰。

11.3.1.4 听阈级的计算是否准确。

11.3.1.5 多种测试项目以及多种分析指标之间是否可以相互印证。

11.3.1.6 听力障碍与原发性损伤、检查阳性结果以及临床表现能否印证。

11.3.1.7 是否考虑外伤后感染、药物、耳科疾病等因素。

11.3.2 视觉功能检查

11.3.2.1 外眼、眼前段、眼后段检查是否明确。

11.3.2.2 裸眼视力、屈光状态、矫正视力等行为视力检查是否客观、全面。

11.3.2.3 视野检查以及视野缺损程度的计算和评价方法是否客观、科学。

11.3.2.4　伪盲测试是否科学，是否排除伪盲。

11.3.2.5　是否进行必要的视觉电生理检查。

11.3.2.6　多种测试项目以及分析指标之间是否可以相互印证。

11.3.2.7　盲及视力损害分级以及视野缺损程度分级是否明确。

11.4　周围神经损伤肌电图检查

11.4.1　肌电图检测时机是否恰当。

11.4.2　肌电图检查内容是否齐全。

11.4.3　肌电图检查中各项指标与损伤部位、临床表现是否吻合。

11.4.4　是否进行必要的复查。

11.4.5　肌电图检查结果与临床表现以及其他客观检查是否能够印证。

11.4.6　多种测试项目以及分析指标之间是否可以相互印证。

《人民检察院办理伤害类案件技术性证据实质审查工作规定》和《伤害类案件人体损伤程度鉴定意见专门审查指引》的理解与适用

周惠永　刘　辰　李迟晚*

为推动实现新时代检察机关高质效办好每一个案件的基本价值追求，强化伤害类案件技术性证据审查实质化，进一步提升伤害类案件审查办理的专业化、规范化水平，最高人民检察院制定了《人民检察院办理伤害类案件技术性证据实质审查工作规定》（以下简称《工作规定》）和《伤害类案件人体损伤程度鉴定意见专门审查指引》（以下简称《专门审查指引》），并于2024年10月印发（高检发办字〔2024〕239号）。为便于司法实践中准确理解与适用，现就《工作规定》和《专门审查指引》的制定背景、经过和主要内容介绍如下。

一、关于制定背景和经过

（一）制定背景

2022年12月，最高人民检察院、公安部联合制定了《关于依法妥善办理轻伤害案件的指导意见》，其中第6条明确规定对鉴定意见要进行实质性审查，这成为制定《工作规定》和《专门审查指引》的

* 周惠永，最高人民检察院普通犯罪检察厅副厅长；刘辰，最高人民检察院普通犯罪检察厅三级高级检察官；李迟晚，最高人民检察院普通犯罪检察厅一级高级检察官助理。

起因。随着研究的不断深入，司法实践中，包括轻伤害案件在内的伤害类案件存在的一些共性问题和审查难点值得关注。一是伤害类案件常见多发，社会影响广泛。2023 年全国检察机关办理的审查起诉案件中涉故意伤害罪 9 万余人，数量在刑事罪名中居第六位。此外，过失致人重伤等侵犯公民人身权利犯罪，寻衅滋事、聚众斗殴等妨害社会管理秩序犯罪，交通肇事等危害公共安全犯罪中均可能涉及人身伤害，加上这些案件，则伤害类案件数量更多。这些案件是典型的发生在群众身边的案件，关乎老百姓人身安全和社会安宁。二是伤害类案件往往遇有技术专业问题，审查上存在难点。如鉴定意见等技术性证据，作为影响案件定罪量刑的重要证据，同时具有高度专业性，认定和处理不当容易埋下问题隐患、激化矛盾甚至出现冤错案件。从 2024 年 1 至 10 月全国检察机关刑事申诉案件看，二成左右涉及故意伤害案件，技术性证据的审查不当将影响案件办理质效与社会和谐稳定。三是伤害类案件中技术性证据审查工作有进一步予以规范的必要。对伤害类案件证据的审查，各地检察机关总体上能够细致审查、准确把握，但仍然存在有的案件对技术性证据审查能力不足、实质性不够等问题，表现为过于依赖技术性证据结论，或对多份矛盾的鉴定意见存在审查判断困难等。

（二）制定经过

为深化落实《关于依法妥善办理轻伤害案件的指导意见》，聚焦这一与百姓关系最为密切的特定领域，办好老百姓身边案，进一步解决伤害类案件中的专业技术难题，通过提升办案质效努力让人民群众在每一个司法案件中感受到公平正义，2023 年 4 月起，最高检普通犯罪检察厅会同检察技术信息研究中心组建专班，经广泛调研，持续深入研究论证，2023 年 7 月，最高检形成《工作规定》的第一次征求意见稿，向全国检察机关和最高人民检察院相关部门征求意见。根据反馈意见，为增强《工作规定》的针对性、专业性和操作性，经充分吸纳相关意见后，对适用范围、审查对象等内容进行了较大调整，包括将适用范围由轻伤害案件调整为所有伤害类案件，以满足司法实践的广泛需求；将审查对象从单一的鉴定意见调整为鉴定意见、勘验笔录、检查笔录、视听资料、电子数据等多种技术性证据。2024年5月，最高检启动了第二轮征求意见，除在检察系统内部再次征求意见外，还征求了最高法、公安部、司法部等相关政法单位意见。此外，还当面听取、书面征求了多位知名法学、法医学专家学者的意见，力求规定切合实际、科学管用。经对100余条反馈意见逐条研究讨论，后修改完善，形成了《工作规定》和《专门审查指引》。

二、《工作规定》的主要内容

《工作规定》对人民检察院在办理伤害类案件过程中对技术性证据开展实质审查作出规定，是刑事检察部门首次会同检察技术部门对技术性证据审查制定的规范性文件。共27条，包括制定目的、相关概念范围、审查原则和一般要求，不同类型的技术性证据实质审查的要求与重点，审查后针对不同情形的处理方式，检察官和检察技术人员之间协作配合机制等。主要可归纳为如下四个部分。

（一）基本问题

《工作规定》立足科学性、普适性、实效性，合理界定伤害类案件的范围，明确技术性证据实质审查的基本内涵、总体原则和一般要求等，重点包括两大方面：

1. 伤害类案件范围。《工作规定》第2条明确：“本规定所指伤害类案件，是指行为涉及损害他人身体健康，破坏他人身体机能的刑事案件。”该条既是基础性条文也是重点条文之一，规定了《工作规定》适用的案件范围。该规定所称的伤害类案件指的是犯罪行为而非具体罪名。从罪名上看，并不局限于典型的如故意伤害罪、过失致人重伤罪等，也涵盖交通肇事罪、寻衅滋事罪等可能涉及人身伤害的罪名；就伤害程度而言，不仅包括轻伤害，也包括重伤害在内。鉴于涉及刑法不同章节诸多罪名，难以穷举，因此本条予以概念性规定。

2. 技术性证据实质审查的基本内涵。《工作规定》第3条明确：“本规定中技术性证据实质审查，是指人民检察院在案件办理过程中，对案件中的鉴定意见、勘验笔录、检查笔录、视听资料、电子数据等技术性证据及其所依据的基础性材料，运用专业技术知识、逻辑和经验，对其合法性、客观性、关联性和科学性进行全面审查的活动。”第5条进一步明确了检察官和检察技术人员在各自职责范围内的审查重点。上述条款实际上明确了几个方面：

一是关于审查主体。人民检察院对技术性证据实质审查要充分发挥检察官和检察技术人员的协同配合作用。检察官对案件证据要进行全面和实质的审查，特别是对专业性较强的技术性证据也应进行实质化审查，审查判断技术性证据是否客观、真实反映案件事实，发现和排除技术性证据与其他证据之间、技术性证据与案件事实之间以及技术性证据之间的矛盾。检察官在对技术性证据审查中面对凭借自身法学知识难以作出实质性判断的情况时，要注重发挥、借助检察技术人员的专业优势，委托检察技术人员协助进行证据的专门审查。检察技术人员基于检察官的委托，凭借运用自身专业技术知识对技术性证据开展专门审查。两种不同主体所进行的审查均属于技术性证据实质性审查的应有之义，二者在各自职责范围内审查侧重点有所不同，通过检察官全面审查与检察技术人员专门审查互相配合的检察一体化履职破解专业技术难题，确保技术性证据材料经得起检验，进而保障案件的高质效办理。

二是关于审查对象。从司法实践看，对鉴定意见的审查是伤害类案件最核心内容之一，但同时，勘验笔录、检查笔录、视听资料、电子数据等技术性证据在还原犯罪过程、确定人员作用等方面，也往往具有其他证据无法比拟的特性，且随着实践发展其重要性愈加增大。因此，《工作规定》并未将审查对象局限于鉴定意见，而是立足于检察办案实际需要，将几类技术性证据均涵盖在内，并在刑事诉讼法明确的八种证据范围内进行规定。

三是关于审查内容。对伤害类案件技术性证据的实质审查，除需对技术性证据本身进行审查外，还应加强对其所依赖的基础性材料进行审查。比如出具鉴定意见所依据的病历资料、影像学资料、手术记录等，对于伤害类案件中常见的检验报告、专家报告等，属于鉴定意见所依据的基础性材料的，亦应包含在实质审查范围内。同时，对技术性证据的审查还要做到实体性审查和程序性审查相结合，保证案件中技术性证据的合法性、客观性、关联性和科学性。

需要说明的是，《工作规定》虽主要聚焦于检察官与检察技术人员间的审查协作工作，但根据《人民检察院刑事诉讼规则》第334条第2款“人民检察院对鉴定意见等技术性证据材料需要进行专门审查的，按照有关规定交检察技术人员或者其他有专门知识的人进行审查并出具审查意见”，同时考虑到检察技术人员的专业范围和技术力量无法涵盖全部技术性证据专门审查的客观实际需要，也可以委托检察技术人员以外的其他有专门知识的人进行。对于专门审查交由其他有专门知识的人进行的，除第5条作出规定外，另专门在第26条作出规定，可参照本规定及其他相关规定进行。

（二）不同类型技术性证据实质审查的要求与重点

对于鉴定意见、勘验笔录、检查笔录、视听资料、电子数据等证据的审查，最高人民法院有关司法解释，公安部、司法部等有关规定从证据类型角度已有不同程度涉及，在统筹参考并注重与相关法律规定协调统一的基础上，《工作规定》侧重于从伤害类案件办理的角度，结合司法实践中常见问题有针对性地作出规定，提示不同技术性证据类型实质审查的要求与审查重点。

1. 鉴定意见实质审查的要求与重点。伤害类案件中，鉴定意见不仅是影响罪与非罪、此罪与彼罪、罪轻与罪重的关键证据，也是申诉案件中提出异议较多的证据，尤其是多份鉴定意见并存的案件，鉴定意见的审查和认定更是常常成为争议焦点。为坚持问题导向，着力解决鉴定意见面临的突出问题，《工作规定》用 4 个条款作出专门规定。《工作规定》对勘验和检查笔录、视听资料、电子数据等技术性证据审查的专门规定分别只有 1 条，但对鉴定意见审查聚焦争议，专门用 4 条从专业角度多方面予以提示，突显了鉴定意见在伤害类案件中的基础与核心作用。

一是《工作规定》第 6 条主要结合伤害类案件中鉴定意见的共性问题，除有针对性地围绕鉴定资质、鉴定程序、鉴定时机、鉴定标准、鉴定方法和过程、鉴定依据、论证分析等方面作出审查提示外，同时提示应注重结合伤害类案件的特点，审查评定损伤程度、残疾等级依据的病历资料、检材是否完整、可靠，被害人后续治疗及恢复情况的相关材料是否收集移送，鉴定机构在伤情认定、标准适用方面是否符合专业规范要求，不同鉴定意见产生矛盾的原因等。

二是第 7 条明确了成伤机制的审查要求及审查重点。伤害类案件中，准确研判后果是否确由本次损伤造成至关重要，是避免冤错案件的前提和基础。为此，《工作规定》第7条对伤害类案件鉴定意见涉及成伤机制或致伤方式的，规定了“应当依据损伤的类型、部位、大小、程度、形态、分布等特征，结合案情和现场勘验、视听资料等情况，综合损伤形成过程及致伤物特征进行分析判断”，明确应“着重审查损伤的性质、外力作用的方式、伤情新旧程度、损伤发生的生物力学或者病理生理学机制，排除诈伤（病）、造作伤、陈旧伤与攻击伤等”。被鉴定人受某种目的驱使，如骗取赔偿、保险等，而故意伪装或夸大身体损伤的诈伤；故意损害自己身体形成的造作伤；以及损伤已经过一段时间，处于愈合后期或已经留下后遗症阶段的陈旧伤等，均是影响本次伤情评定的重要干扰因素，要求检察官要结合成伤机制特点，如结合骨折部位与受力部位区分直接外力或是间接外力，结合损伤部位、形态、分布、试切创等特征予以鉴别，排除诈伤、造作伤、陈旧伤与攻击伤等。

三是第8条规定了伤病关系的审查要求及审查重点。伤害类案件中，由于人体损伤的形态包罗万象，个体条件及其对损伤的耐受性千差万别。对于伤病共存的，损伤或者疾病是否符合医学转归规律，既往损伤或疾病与本次损伤之间的关系，是否存在医疗介入因素等是综合判断有关鉴定意见是否客观、准确面临的审查难点。因此，《工作规定》第8条规定了针对伤病关系的审查重点，特别是对于损伤与既往伤、病并存，损伤独自存在不能造成现有后果的，指引应着重审查是否对损伤程度降级评定或者不作评定。

四是第9条明确了损伤形成时间的审查要求及审查重点。伤害类案件中，损伤形成时间对案件定性具有重要意义。从法律责任角度看，如果主要是旧伤导致了严重后果，那么犯罪嫌疑人承担的责任程度和完全由新的伤害行为导致严重后果的情况是不同的。在故意伤害案件调查过程中，通常需要专业的法医进行鉴定。因此，《工作规定》第9条规定伤害类案件鉴定意见涉及损伤形成时间的，应当依据损伤的形态特征，区分新鲜伤与陈旧伤，重点关注损伤的愈合过程及其动态变化，结合骨痂形成时间、创口愈合周期变化等，排除与案件无关的陈旧性损伤或者自身病理改变。

2. 勘验、检查笔录实质审查的要求与重点。伤害类案件中，勘验、检查笔录是记录犯罪现场物体、痕迹及周围环境的重要载体，是还原犯罪过程、反映案发状况、体现取证过程等的重要证据。但实践中，未在第一现场勘验、记载不实有遗漏、未依法定程序勘验等问题依然存在，因此，《工作规定》第10条明确对勘验、检查笔录的审查，要关注证据收集、制作程序是否合法，通过审查勘验、检查笔录，根据作案工具、打斗痕迹、现场血迹分布等还原案发现场状况，判断犯罪嫌疑人案发时是否在现场、造成他人人身伤害的过程等。

3. 视听资料实质审查的要求与重点。视听资料作为独立的证据种类，在再现犯罪过程方面具有其他证据无法比拟的优势，但视听资料又存在易被伪造、篡改的不足，视听资料的证据能力该如何审查判断、视听资料的采信规则该如何把握等问题，都是实质性审查的重要内容。因此，《工作规定》第11条明确了视听资料的审查重点，聚焦反映案件现场的录音、录像资料，提示要关注其来源、提取、封存、是否经过技术处理或者剪辑等方面，并对实践中经常存在的视听资料显示时间与实际时间存在误差，反映的案发过程不完整等问题做出审查提示。

4. 电子数据实质审查的要求与重点。近年来电子数据作为证据在刑事案件办理中的重要性愈发凸显。2016年"两高一部"出台了《关于办理刑事案件收集提取和审查判断电子数据若干问题的规定》，对于电子数据的取证和证据审查作出了详细规定，是目前实践中关于电子数据审查最重要的规范性文件之一。《工作规定》第12条参考相关内容，结合伤害类案件特点，重点提示了确保电子数据完整性、真实性、合法性的方面，并提示要注重审查实践中出现频率高、使用范围广的微信记录、手机短信记录、网上聊天记录、手机转账记录，从而准确判断造成伤害后果的主观心态，是否共同犯罪，有无预谋、纠集、分工、实施等。

（三）审查后针对不同情形的处理方式

检察官对技术性证据审查后，则面临如何处理相关疑点难点问题。对此，《工作规定》明确了“一般应当委托进行技术性证据专门审查”和“可以委托进行技术性证据专门审查”的情形，也明确了“应当补充鉴定”和“应当重新鉴定”的情形。通过规定既避免检察官过度依赖鉴定结论，又区分情形给予可操作的工作指引，实现规范衔接。

1. 一般应当委托进行技术性证据专门审查的情形。《工作规定》第15条明确了三种情形，即：同一专门性问题有两份以上鉴定意见且相互矛盾无法排除的；起关键性作用的技术性证据与其他证据之间存在明显矛盾且无法排除的；当事人及其诉讼代理人、法定代理人、辩护人等对技术性证据提出异议，足以影响证据采纳的。一是该条作为刚性要求有其相应的适用前提，即检察官在凭借自身专业知识、逻辑经验对技术性证据进行审查后，仍难以作出实质性判断。也就是说检察官若能够通过自身审查依法排除证据矛盾，自然不必然委托检察技术人员进行专门审查。因此要准确把握达到“无法排除”或“足以影响”等判断性条件后，应当委托进行技术性证据专门审查。二是内容上，该条在吸收“两高”《关于依法妥善办理轻伤害案件的指导意见》第6条、《人民检察院技术性证据专门审查工作规定》第8条基础上进行了完善。比如，鉴定意见数量规定为“两份以上”出现矛盾无法排除即应当委托，且增加了“无法排除”“足以影响”等必要限定。

2. 可以委托进行技术性证据专门审查的情形。为确保技术性证据实质审查工作充分、有序开展，除规定“一般应当委托”专门审查的情形外，《工作规定》第16条结合实践列举了“可以委托”专门审查的五种情形，即：对技术性证据中伤害行为与伤害结果之间因果关系、原因力大小等有疑问的；对技术性证据材料涉及的鉴定时机、致伤物推断、成伤机制、伤病关系等专业技术问题有疑问的；技术性证据材料决定罪与非罪、罪轻与罪重等关键性问题，对定罪量刑有重大影响的；对技术性证据与在案其他证据材料间存在的矛盾有疑问的；以及其他需要委托专门审查的情形。意味着对于不属于矛盾无法排除、足以影响证据采信等情形，虽未达到应当委托程度，但对技术性证据的专业问题存在疑问，或者技术性证据本身对案件定罪量刑的作用至关重要，则由检察官根据实际需要，自行把握委托专门审查的必要性。

3. 应当补充鉴定的情形。公安部《公安机关鉴定规则》第42条规定了五种应当补充鉴定的情形，即：鉴定内容有明显遗漏的；发现新的有鉴定意义的证物的；对鉴定证物有新的鉴定要求的；鉴定意见不完整，委托事项无法确定的；其他需要补充鉴定的情形。经研究，在总体沿用保持相关规定间协调统一的前提下，进行了两处优化调整，具体为将其中的第1项调整为“原委托鉴定事项有明显遗漏的”，将第3项调整为“对原鉴定证物有新的鉴定要求的”，便于精准把握。

4. 应当重新鉴定的情形。《人民检察院鉴定规则（试行）》第17条规定了应当重新鉴定的七种情形，在参考该规定并结合有关意见的基础上，经研究，形成了《工作规定》第18条的六种情形。具体适用时应注意以下问题：一是第1、2项，“鉴定机构或者鉴定人不具备鉴定资质的”“鉴定人应当回避而未回避的”，鉴定机构、人员具备鉴定资质和条件是鉴定有效的基本前提。二是第3项，“送检材料不真实或者不具备鉴定条件的”，此前仅规定为送检材料不真实，鉴于送检材料取得可能真实但后续因检材受到污染等原因丧失鉴定条件的情形并不鲜见，如凶器或衣物等因保管不善致其沾染的血迹受到污染等，导致原鉴定结论不可靠，此种情形下具有重新鉴定的必要。三是《工作规定》未规定“鉴定意见与案件中其他证据相矛盾的”这一重新鉴定的情形。原因在于，当鉴定意见与其他证据相矛盾时，并不必然是鉴定意见存在问题，也可能是其他证据存在问题，如证言不真实、视频清晰度不高等，因此，未列为“应当重新鉴定”的情形。《工作规定》第15条中已经将“起关键性作用的技术性证据与其他证据之间存在明显矛盾且无法排除的”列为一般应当委托进行技术性证据专门审查的情形之一，如果通过专门审查解决了证据间的矛盾，则无重新鉴定的必要，如仍未能解决，则可再予重新鉴定。这样规定也与公安部《公安机关鉴定规则》第43条以及司法部《司法鉴定程序通则》第31条对于重新鉴定的情形保持一致。

（四）检察官和检察技术人员协作配合机制

《工作规定》明确检察官和检察技术人员各自职责范围内的审查重点、协作程序、工作要求、配合机制等。其核心在于检察官要紧紧围绕“高质效办好每一个案件”新时代检察履职基本价值追求，强化对伤害类案件技术性证据实质审查，同时注重跳出“单打独斗”的惯性模式，通过检察技术人员专业优势的协助，着力推动案件专门性问题的高质效解决。检察技术人员要从办案需要出发，找准专业技术人员的出发点和落脚点，针对技术性证据的矛盾点和争议焦点发力，坚持问题导向，以专门审查促进实质审查，通过检察一体化履职全面提升法律监督效能。

1. 检察官邀请检察技术人员参与实质性审查的阶段与方式。根据《工作规定》第 14 条，伤害类案件审查办理中，检察官可以邀请检察技术人员协助解决专门性问题或者就专门性问题发表意见，邀请检察技术人员参与实质审查的阶段可以覆盖办案全过程，既可以是提前介入、审查逮捕、审查起诉、一审、二审、审判监督等不同诉讼阶段，也可以在讯问犯罪嫌疑人，询问被害人、鉴定人、证人，调取与技术性证据相关的基础性材料，补充收集其他有关证据过程等不同诉讼活动中。参与方式上可以根据办案实际实现多样化，包括咨询、列席检察官联席会、参与案件会商研究等。

2. 检察官委托检察技术人员开展专门审查的程序。《工作规定》第 19 条明确，检察官委托开展技术性证据专门审查的，应当按照规定履行委托手续，移送相关证据材料。本院无相应专业检察技术人员的，可以按规定委托上级检察技术职能部门办理。研究中，有地方关注向上级委托是否需要层报以及是否可以跨区域委托。考虑到实践中出现跨级向上委托较为常见，为方便检察技术人员审查工作开展，此处委托上级检察技术职能部门，并未限定为上一级，不要求必须逐级向上委托。此外，也并未禁止跨区域委托，基于检察一体化办案需要，一些地区确实不具备相应专业力量的，可以根据实际灵活掌握。上述规定也与《人民检察院技术性证据专门审查工作规定》保持了一致。

3. 检察技术人员的审查时限、审查标准及司法责任。对此，《工作规定》第 20 条分 3 款分别予以明确，时限上坚持一般与特殊相统一，既规定一般应在受理之日起 5 个工作日内完成并出具相关文书，以及时辅助案件办理，也规定了对于疑难复杂、需要补充材料等特殊情形，可以根据需要延长审查时间。审查标准则主要指与《工作规定》同步下发的《专门审查指引》，该指引主要针对鉴定意见，检察技术职能部门已将其纳入检察系统司法鉴定技术规范，下步还将适时研究其他类型技术性证据的专门审查指引。司法责任上则明确检察技术人员对技术性证据专门审查意见承担相应司法责任。

4. 技术性证据专门审查意见的效力。关于技术性证据专门审查意见的效力问题，研究中有意见认为，技术性证据专门审查意见并非刑事诉讼法的八类证据之一，不能作为证据使用，也不能提交法庭，只能作为检察官增强内心确信的参考。另一种意见认为，一是司法中应当作为证据使用但暂时无法明确归类的情况现实存在，不能据此否认其作为证据的效力，就技术性证据专门审查意见而言，实践中不乏将其作为定案证据并在法律文书载明的案件；二是根据最高人民法院《关于适用〈中华人民共和国刑事诉讼法〉的解释》第100条第1款：因无鉴定机构，或者根据法律、司法解释的规定，指派、聘请有专门知识的人就案件的专门性问题出具的报告，可以作为证据使用；第101条：有关部门对事故进行调查形成的报告，在刑事诉讼中可以作为证据使用；报告中涉及专门性问题的意见，经法庭查证属实，且调查程序符合法律、有关规定的，可以作为定案的根据。那么，将技术性证据专门审查意见作为检察官定案依据并提交法庭，并未超出司法解释有关规定的范畴。经研究，我们赞同后一种意见，故《工作规定》第22条明确，技术性证据专门审查意见可以作为检察官判断运用证据或者作出相关决定的依据，必要时可以提交法庭。

5. 检察官与检察技术人员其他协作配合。一是解释与协助完善证据体系。《工作规定》第21条明确检察技术人员应及时向检察官解释审查中发现的问题，必要时协助检察官进一步完善证据体系。旨在全面厘清涉案专业性问题、完善证据体系，促进案件高质效办理。二是协助庭审准备。对于人民法院决定开庭审理的案件，《工作规定》第

23条明确，检察官根据需要可以邀请检察技术人员协助做好庭审中可能涉及的专门性问题的准备工作，实际上检察技术人员主要聚焦专门性问题，定位上不同于检察辅助人员。三是必要时出庭。《工作规定》第24条明确，检察官可以向法庭申请检察技术人员出庭，就相关专门性问题发表意见。此外，当事人或者辩护人、诉讼代理人对技术性证据专门审查意见有异议，人民法院认为检察技术人员有必要出庭的，检察技术人员应当出庭就审查意见进行解释说明。检察技术人员出庭身份为有专门知识的人。四是组织召开技术专家论证会、参与释法说理及协助向有关部门制发检察建议。组织召开专家论证会是技术性证据实质审查中解决疑难复杂专门性问题的一种重要方式，检察官和检察技术人员均可根据案件需要组织召开。在刑事和解、公开听证、公开宣告、当面答复等活动中，检察官可以根据案件需要，邀请检察技术人员参加并就专门性问题进行解释说明，提升释法说理、矛盾化解等方面的工作合力。检察官可以在检察技术人员的协助下制发检察建议，此类检察建议主要应为技术性证据审查中发现的涉及专业技术层面的普遍性问题，对此《工作规定》第25条作出规定，实现检察业务与检察技术的融合发展。

三、《专门审查指引》的主要内容

《专门审查指引》与《工作规定》并行发布实施，是贯彻落实最高检党组新理念新要求的重要举措，是深化新时代检察技术工作理论研究与实践探索的有效途径。最高检检察技术信息研究中心已将其纳入检察系统司法鉴定技术规范，对于指导各级人民检察院技术部门有效开展伤害类案件中人体损伤程度鉴定意见专门审查具有重要意义，同时也为检察官进行技术性证据全面审查提供有益参考。

《专门审查指引》分为 11 个部分，以案件办理中人体损伤程度鉴定常见问题为导向，主要规定了人体损伤程度鉴定意见的程序性审查和实体性审查、两份以上不同鉴定意见的专门审查、颅面四肢等九大部位常见人体损伤程度鉴定意见的专门审查，以及医学影像学检查等专科检查的专门审查内容，列举了 300 余条细则条款对鉴定意见专门审查工作的重要内容予以提示说明。11 个部分概括说明如下：

1. 范围。本部分明确了指引的适用范围。一是适用于伤害类案件中关于人体损伤程度鉴定意见的专门审查工作。二是伤害类案件范围与《工作规定》一致。三是其他类案件涉及人体损伤程度鉴定意见专门审查的，可参照本指引执行。

2. 规范性引用文件。本部分列明了指引主要参考引用的现行有效的规范性文件。

3. 术语定义。本部分明确了一些重要专业术语的定义。术语定义与《人体损伤程度鉴定标准》《工作规定》和法医教科书等内容保持一致。

4. 专门审查原则。本部分明确了人体损伤程度鉴定意见专门审查原则。本部分与《最高人民检察院法医临床鉴定专门审查指引》相关内容保持一致。

5. 专门审查依据。本部分明确了人体损伤程度鉴定意见专门审查依据。本部分与《最高人民检察院法医临床鉴定专门审查指引》相关内容保持一致。

6. 专门审查过程及方法。本部分明确了人体损伤程度鉴定意见专门审查过程及方法。本部分至第十一部分是主体部分，对专门审查工作内容和审查中需重点关注内容予以提示。本部分对检察技术人员在专门审查过程中，进行程序性审查和实体性审查分别作出简要说明，对审查相关方法流程进行提示。

7. 程序性审查。本部分明确了对人体损伤程度鉴定意见的程序性审查内容。参照《最高人民检察院法医临床鉴定专门审查指引》相关内容，并对“鉴定机构和鉴定人是否具有相应资质”作出提示。

8. 实体性审查。本部分明确了对人体损伤程度鉴定意见的实体性审查内容。既对实体性审查在鉴定材料、标准方法、检验鉴定过程、分析论证、鉴定意见的客观科学性等方面做了细目提示，也对需要特别关注的伤病关系、医疗因素、致伤物推断、成伤机制分析、诈伤（病）、造作伤、新鲜伤与陈旧伤区分等内容加以提示，便于指导检察技术人员在实体性审查中把握重点。

9. 两份以上不同鉴定意见的专门审查。本部分明确了两份以上不同鉴定意见的专门审查内容。本部分主要针对司法实践中常见的伤害类案件中出现两份以上人体损伤程度鉴定意见且相互矛盾的情况，对该情况下鉴定意见的审查内容作出提示，同时提示审查后“必要时，提出补充鉴定、重新鉴定或其他建议”。

10. 常见人体损伤程度鉴定意见的专门审查。本部分明确了常见人体损伤程度鉴定意见的专门审查内容。本部分参照《人体损伤程度鉴定标准》，结合鉴定条款，对各部位人体损伤、各种类型常见人体损伤的（重点）审查内容予以详细说明，通过细则条款的提示，可以提示检察技术人员在审查过程中对相关损伤有更全面、准确的把握。

11. 专科检查的专门审查。本条明确了专科检查的专门审查内容。在人体损伤程度鉴定中大多涉及专科检查，本部分对医学影像学检查、关节功能检查、听觉、视觉功能检查、周围神经损伤肌电图检查等专科检查的专门审查内容作出提示。

最高人民法院　最高人民检察院
关于办理袭警刑事案件适用法律若干问题的解释

（2024 年 11 月 4 日最高人民法院审判委员会第 1930 次会议、
2024 年 6 月 27 日最高人民检察院第十四届检察委员会
第三十二次会议通过，自 2025 年 1 月 18 日起施行）

为依法惩治袭警犯罪，保障人民警察依法执行职务，保护人民警察人身安全，维护国家法律权威和社会秩序，根据《中华人民共和国刑法》、《中华人民共和国刑事诉讼法》和《中华人民共和国人民警察法》等法律规定，现就办理此类刑事案件适用法律的若干问题解释如下：

第一条　袭击正在依法执行职务的人民警察，具有下列情形之一的，应当认定为刑法第二百七十七条第五款规定的“暴力袭击”：

（一）实施撕咬、掌掴、踢打、抱摔、投掷物品等行为，造成轻微伤以上后果的；

（二）实施打砸、毁坏、抢夺人民警察乘坐的车辆、使用的警械等行为，足以危及人身安全的。

与人民警察发生轻微肢体冲突，或者为摆脱抓捕、约束实施甩手、挣脱、蹬腿等一般性抗拒行为，危害不大的，或者仅实施辱骂、讽刺等言语攻击行为的，不属于刑法第二百七十七条第五款规定的“暴力袭击”。

第二条　暴力袭击正在依法执行职务的人民警察，具有下列情形之一，足以致人重伤或者死亡的，应当认定为刑法第二百七十七条第五款规定的“严重危及其人身安全”：

（一）使用枪支、管制刀具或者其他具有杀伤力的工具的；

（二）驾驶机动车撞击人民警察或者其乘坐的车辆的；

（三）其他严重暴力袭击行为。

第三条 实施袭警犯罪，具有下列情形之一的，从重处罚：

（一）造成人民警察轻伤的；

（二）致使人民警察不能正常执行职务，造成他人伤亡、犯罪嫌疑人脱逃、关键证据灭失或者公私财产重大损失等严重后果的；

（三）纠集或者煽动多人袭警的；

（四）袭击人民警察二人以上的；

（五）其他情节严重的情形。

第四条 对于人民警察执法活动存在过错，在认定行为人暴力袭击行为是否构成袭警罪时，应当综合考虑行为人的暴力程度、危害后果及执法过错程度等因素，依法妥当处理。

人民警察执法活动存在严重过错的，对行为人一般不作为犯罪处理。执法过错较大，袭击行为暴力程度较轻、危害不大的，可以不作为犯罪处理。袭击行为造成严重后果，确需追究刑事责任的，应当依法从宽处理。

第五条 醉酒的人实施袭警犯罪的，应当负刑事责任。

第六条 教唆、煽动他人实施袭警犯罪或者明知他人实施袭警犯罪而提供工具或者其他帮助，情节严重的，以共同犯罪论处。

第七条 行为人阻碍人民警察依法执行职务，但未实施暴力袭击行为的，不构成袭警罪；符合刑法第二百七十七条第一款规定的，以妨害公务罪定罪处罚。

对在非工作时间遇有紧急情况依法履行职责的人民警察实施暴力

袭击，符合刑法第二百七十七条第五款规定的，以袭警罪定罪处罚。

对非执行职务的人民警察实施报复性暴力袭击的，不构成袭警罪；符合刑法第二百三十四条、第二百三十二条等规定的，依照相应犯罪从重处罚。

第八条 暴力袭击正在依法配合人民警察执行职务的警务辅助人员的，不构成袭警罪；符合刑法第二百七十七条第一款规定的，以妨害公务罪定罪处罚。

同时暴力袭击正在依法执行职务的人民警察和配合人民警察执行职务的警务辅助人员，符合刑法第二百七十七条第五款规定的，以袭警罪从重处罚。

第九条 实施本解释规定的行为，同时构成袭警罪、妨害公务罪和故意杀人罪、故意伤害罪等犯罪的，依照处罚较重的规定定罪处罚。

第十条 实施本解释规定的行为，综合考虑行为人认罪悔罪表现、赔偿损失情况、行为手段、危害后果等情形，认为犯罪情节较轻的，可以从宽处罚；犯罪情节轻微的，可以不起诉或者免予刑事处罚；情节显著轻微危害不大的，不作为犯罪处理。

第十一条 对于实施本解释规定的相关行为被不起诉或者免予刑事处罚的行为人，需要给予行政处罚、政务处分或者其他处分的，依法移送有关主管机关处理。

第十二条 对于刑法第二百七十七条第五款规定的“人民警察”，依照人民警察法的相关规定认定，包括公安机关、国家安全机关、监狱等部门的人民警察和人民法院、人民检察院的司法警察。

第十三条 本解释自 2025 年 1 月 18 日起施行。本解释施行后，之前发布的规范性文件与本解释不一致的，以本解释为准。

《关于办理袭警刑事案件适用法律若干问题的解释》的理解与适用

侯亚辉　周惠永　刘　涛　李志婷*

为依法惩治袭警犯罪，保障人民警察依法执行职务，保护人民警察人身安全，维护国家法律权威和社会秩序，最高人民法院、最高人民检察院在充分调研论证和征求意见的基础上，共同制定《关于办理袭警刑事案件适用法律若干问题的解释》（高检发释字〔2025〕1号，以下简称《解释》）。经最高人民检察院第十四届检察委员会第三十二次会议和最高人民法院审判委员会第1930次会议审议通过，于2025年1月15日印发，自2025年1月18日起施行。为便于司法实践中正确理解和适用，现对《解释》的制定背景、指导原则和主要内容予以说明。

一、《解释》制定的背景和经过

为依法惩治袭警违法犯罪行为，2019年12月27日，最高人民法院、最高人民检察院会同公安部联合印发了《关于依法惩治袭警违法犯罪行为的指导意见》（以下简称2019年《指导意见》）。当时，袭警罪还未单独入罪，对袭警违法犯罪行为，以妨害公务罪从重处罚。

* 侯亚辉，最高人民检察院检察委员会委员、普通犯罪检察厅厅长；周惠永，最高人民检察院普通犯罪检察厅副厅长；刘涛，最高人民检察院普通犯罪检察厅二级高级检察官；李志婷，最高人民检察院普通犯罪检察厅三级高级检察官。

2021年3月1日起正式实施的《刑法修正案（十一）》，将袭警罪作为单独罪名予以规定，并配置相应的法定刑，使得暴力袭警行为不再是妨害公务罪的从重处罚情节。

近年来，我们调研发现，司法实践中，不同执法司法部门之间，甚至各司法机关内部，对执法司法标准和尺度存在不同认识，比如，如何界定犯罪对象范围和袭警行为的“暴力”程度、如何准确把握袭警罪与妨害公务罪等罪名的界限、如何全面准确适用法律和刑事政策实现办案“三个效果”的统一等，因此，需要进一步统一认识和执法司法标准。

基于上述情况和考虑，最高人民法院、最高人民检察院在深入调研的基础上，坚持问题导向，对各地数百起袭警罪案件进行实证分析，充分听取了全国人大常委会法工委、公安部、司法部等相关职能单位及有关法学专家的意见，征求了各省级司法机关的意见后，制定了《解释》。

二、《解释》制定的指导原则

在研究制定《解释》过程中，主要遵循了以下指导原则：

一是坚持惩治犯罪与保障人权相统一。人民警察代表国家行使执法权，肩负着预防、制止和打击违法犯罪、维护社会稳定等重要职责。在依法履职过程中，人民警察遭受违法犯罪分子暴力侵害，不仅危害民警人身安全，更严重损害国家法律权威、破坏国家正常管理秩序，因此，需要依法追究责任。同时，人民警察依法履职行为，不但涉及公民的人身自由，而且涉及公民社会生活的许多方面，与公民的合法权益密切相关。办理袭警刑事案件中，如不能正确把握实质法律关系与法治精神，不能准确把握入罪标准，将会导致增加社会治理成本，不利于实现国家治理体系和治理能力现代化、厚植党的执政根基。因此，在制定《解释》过程中，我们一方面明确了袭警罪的适用标准、从重处罚的标准；另一方面统一了入罪门槛，明确了出罪情形，有利于实现惩治犯罪与保障人权相统一。

二是坚持严格依法。前期调研发现，公检法不同部门之间、同一部门内部之间，对袭警罪适用存在认识分歧，比如在犯罪对象的范围界定上，是否将配合、辅助民警共同执行公务的警务辅助人员解释为人民警察；在“暴力”程度界定上，需要达到何种程度才能认定为袭警犯罪；在行为认定上，袭击对象既有民警又有辅警的情形，构成一罪还是数罪，构成哪种犯罪；在法定加重情节把握上，“严重危及人身安全”如何认定；袭警罪与其他罪名，特别是妨害公务罪的界限如何把握等。《解释》遵循问题意识，对上述司法实践中的难点进行了深入分析论证和听取意见，明确了执法司法标准，从而更好实现依法准确办案。

三是坚持全面准确适用宽严相济刑事政策。《解释》一方面明确了袭警罪需达到“轻微伤”以上的标准，从宽处理、不起诉或者免予刑事处罚的条件，不作为犯罪处理的情形等“宽”的一面；另一方面，也明确了加重情节的把握和“造成人民警察轻伤的”等从重处罚的情节，体现出“严”的一面。同时，《解释》明确了案件处理刑行衔接的内容，从而有利于全面准确贯彻宽严相济刑事政策。

三、《解释》的主要内容

《解释》共13条，主要包括四方面内容：一是界定袭警罪犯罪构成中的“暴力袭击”等要件，明确非工作时间、非执行职务期间相关情况的处置，规定从重情节和从宽情节。二是明确袭警罪与妨害公务、故意杀人、故意伤害等其他犯罪之间的关系。三是明确涉及共同犯罪的认定、醉酒的人袭警行为的认定等问题。四是明确刑行衔接、适用范围等。现就其中的重点内容进行说明：

（一）关于袭警罪构成要件中“暴力袭击”的界定

1. 关于“暴力袭击”的具体形态

袭警罪中的暴力袭击主要包括袭击人身和袭击警用装备两类行为，其中，后一种行为虽然没有直接袭击人民警察人身，但会造成人民警察人身伤害，或者足以危及人民警察人身安全。《解释》明确，对具有下列情形之一的，应当认定为刑法第277条第5款规定的“暴力袭击”：（1）实施撕咬、掌掴、踢打、抱摔、投掷物品等行为，造成轻微伤以上后果的；（2）实施打砸、毁坏、抢夺人民警察乘坐的车辆、使用的警械等行为，足以危及人身安全的。

司法实践中，暴力袭击人民警察的行为方式多种多样，不仅包括撕咬、掌掴、踢打、抱摔、投掷物品，还包括肘击、踢踹、掐颈、驱使危险动物袭击或者使用电动车、自行车等撞击，等等。制定过程中，我们对“暴力袭击”的行为方式采用概括式还是列举式的表述进行了研究。考虑如果采用列举式，司法实践中暴力袭击人民警察的方式多样，无法穷举；如果采用高度概括式规定，又不便于司法实践把握。后根据各部门的意见，采用了折衷的方式，在列举了几种常见的行为方式后，使用“等”的表述方式，明确在《解释》列举的手段之外，可适用“等”进行规制，从而便于具体掌握认定情形。

对于“实施打砸、毁坏、抢夺人民警察乘坐的车辆、使用的警械等行为”的，《解释》明确了“足以危及人身安全的”认定标准。需要说明的是：第一，这个标准是基础标准，对于实际造成了人身伤害的，举轻以明重，自然可适用袭警罪或者其他罪名。第二，此款对人民警察乘坐的车辆、使用的警械的侵害行为，不限于条文中规定的打砸、毁坏、抢夺行为，其他行为可通过实质判断适用“等”的规定。第三，此处的“乘坐”，既包括乘坐他人驾驶的车辆，也包括人民警察自己驾驶的车辆。第四，考虑到人民警察依法执行职务时，有时驾驶非制式警车执行职务，为充分保障人民警察人身安全，《解释》规定的是“车辆”，而不仅限于“警用车辆”。

《解释》制定过程中，考虑到袭警犯罪要么针对人、要么针对物，无其他情形可适用，因此，未再规定兜底条款。

2. 关于袭警罪中造成人民警察人身伤害的入罪标准

2019 年《指导意见》规定袭警行为的入罪标准为“对民警人身进行攻击的”，没有伤害等级的要求，并将“造成民警轻微伤”规定为酌情从重处罚情节。《解释》规定，袭警罪“对民警人身进行攻击的”的入罪标准需要造成轻微伤以上后果。之所以如此规定，主要考虑：一是符合犯罪的基本特性。作为区分犯罪与违法行为的重要标准，犯罪行为要具有刑事违法性、社会危害性和依法应受刑罚惩罚性的特征。因此，判断一个行为是否追究刑事责任，除了根据构成要件进行形式上的判断外，还要对其是否侵犯了刑法保护的法益造成了社会危害、是否达到了应当以刑罚进行惩罚的程度进行综合性、实质性判断。《解释》正是基于对暴力袭击人民警察行为的社会危害性和依法应受刑罚惩罚性的整体考量，将造成人民警察轻微伤后果作为认定行为构成袭警罪的入罪标准。二是可以给治安处罚留有空间。如果不考虑实际危害，将暴力袭击人民警察的行为直接认定为袭警罪，现实中会极大削减刑罚处罚与治安处罚之间的空间，造成两种处罚界限模糊。《解释》规定“造成轻微伤以上后果”这一客观的、便于把握的入罪标准，有利于明确区分刑事处罚与治安处罚的界限，给治安处罚留有空间，也有利于实现宽严相济、梯次处理的效果，避免实践中袭警罪适用过宽。

3. 从反面规定了不属于“暴力袭击”的情形

调研和梳理案例时发现，部分行为人之所以对人民警察实施人身袭击，其主观目的并非是伤害人民警察人身安全，有的系出于反抗或者摆脱抓捕、抗拒约束等原因，且造成的伤害非常轻微；有的仅处于辱骂等言语攻击或威胁阶段，还未实施人身袭击行为，对于此类情况，综合考虑刑法第277条第5款明确的犯罪构成、袭警罪保障人民警察依法履职和人身安全的本质、保障人权的理念，《解释》明确，与人民警察发生轻微肢体冲突，或者为摆脱抓捕、约束实施甩手、挣脱、蹬腿等一般性抗拒行为，危害不大的，或者仅实施辱骂、讽刺等言语攻击行为的，不属于刑法第277条第5款规定的“暴力袭击”。

（二）袭警罪加重情节的认定

刑法第277条第5款规定了袭警罪加重情节，即“使用枪支、管制刀具，或者以驾驶机动车撞击等手段，严重危及其人身安全的，处三年以上七年以下有期徒刑”。司法实践中，各地对此处规定的“等手段”如何把握认识不一。基于此，《解释》第2条列举了三种严重危及人身安全的情形，即使用枪支、管制刀具，或者其他具有杀伤力的工具袭击正在依法执行职务的人民警察的；驾驶机动车撞击正在依法执行职务的人民警察或者其乘坐的车辆的；其他严重暴力袭击行为。办案中，需从以下两个方面进行把握：一是行为方式，包括“使用枪支、管制刀具或者其他具有杀伤力的工具”袭击人民警察和“驾驶机动车撞击人民警察或者其乘坐的车辆”。其中，“其他具有杀伤力的工具”应与“枪支、管制刀具”具有相当性。二是危害后果，即“严重危及其人身安全”。同时，规定了第3项作为兜底条款，从而适应司法实践的发展，为将来应对新形式犯罪行为留下空间。

（三）袭警罪从重处罚情节

《解释》第3条从袭警造成人民警察受伤轻重、妨害人民警察依法执行职务造成的危害后果、是否纠集或煽动多人袭警、袭击人民警察的人数等方面，对袭警罪从重处罚的情节进行了列举，同时也规定了兜底条款，从而体现对袭警犯罪依法严惩。其中，第2项“致使人民警察不能正常执行职务，造成他人伤亡、犯罪嫌疑人脱逃、关键证据灭失或者公私财产重大损失等严重后果的”、第3项“纠集或者煽动多人袭警的”、第4项“袭击人民警察二人以上的”基本沿用了2019年《指导意见》相关规定的精神。

需要说明的是，关于第1项“造成人民警察轻伤的”，有意见提出是否会导致与故意伤害罪等罪名的刑罚不均衡。我们认为，考虑到如果对人民警察造成轻伤后果，同时构成了袭警罪和故意伤害罪，且袭击人民警察的主观恶性和社会危害性更重，因此，从重处罚更为妥当。

第4项中“袭击人民警察二人以上的”，此处的人民警察，应为《解释》第12条规定的人民警察，不包括警务辅助人员等人。同时，《解释》第8条第2款明确了同时暴力袭击正在依法执行职务的人民警察和配合人民警察执行职务的警务辅助人员，符合刑法第277条第5款规定的，以袭警罪从重处罚，因此，也不会造成量刑失衡。

（四）关于人民警察存在执法过错的情形

人民警察依法执行职务受法律保护，但执法不规范、有过错，会损害执法公信力，容易引发社会矛盾激化。如果不考虑上述因素，对行为人一概以袭警罪进行惩罚，不符合刑法谦抑性原则，更不利于引导警察规范执法，最终影响警察执法公信力和司法公信力。同时，考虑到人民警察执法权应当予以保障，执法不规范与存在严重过错、没有执法权还是有区别的，因此，对于瑕疵执法引发袭警行为，造成严重后果情形时，应当认定行为人的行为具有应受刑法惩罚性，予以规制。因此，《解释》第4条明确了人民警察存在执法过错情形的，在认定行为人的暴力袭击行为是否构成袭警罪时，应当综合考虑行为人的暴力程度、危害后果及执法过错程度等因素，准确评估社会危害性，依法妥当处理。

办案过程中，可根据执法过错情形，从以下几个方面把握：

一是判断执法过错的依据问题。公安执法涉及领域很广、环节很多，因此，相关执法规范也很多，既包括国家法律，也包括部门规章和内部规定。因此，对于执法过错的判断，不能过于吹毛求疵，比如未按规定佩戴警徽等不影响执法效力的着装规范等不宜认定为执法过错。因此，在判断时，一方面主要依据人民警察法、《中华人民共和国人民警察使用警械和武器条例》等法律法规规定，另一方面执法过错也要达到一定程度。

二是如果人民警察执行职务的行为，严重违反人民警察法、《中华人民共和国人民警察使用警械和武器条例》等法律法规规定，严重侵犯公民或者组织合法权益的，可依法认定不属于刑法第277条第5款规定的“依法执行职务”。

三是如果根据人民警察法、《中华人民共和国人民警察使用警械和武器条例》等法律法规规定，人民警察执法活动不规范、不适当或者有其他瑕疵等，认定行为人暴力袭击行为是否构成袭警罪时，应在综合考虑行为人的暴力程度、危害后果及执法过错程度等因素的基础上，准确评估社会危害性。对于人民警察执法活动存在严重过错的，对行为人一般不作为犯罪处理；执法过错较大，袭击行为暴力程度较轻、危害不大的，可以不作为犯罪处理；袭击行为造成严重后果，确需追究刑事责任的，应当依法从宽处理。

（五）关于醉酒的人实施袭警犯罪的惩处

调研发现，实践中大量的袭警犯罪行为人都是酒后，有些行为人甚至是严重醉酒状态。其中有相当一部分行为人辩解醉酒“断片”，不知道怎么袭警的；也有辩护意见提出醉酒状态主观恶性小，应从轻处罚；甚至有人提出犯罪嫌疑人在袭警的时候没有认识到是警察，不具有袭警罪的主观故意，不负刑事责任。上述意见导致出现很多不必要的争论，也给人民警察执法行为带来了限制和束缚。因此，《解释》第5条根据刑法第18条第4款“醉酒的人犯罪，应当负刑事责任”的规定，沿用了2019年《指导意见》中的规定，明确：“醉酒的人实施袭警犯罪的，应当负刑事责任。”

（六）关于袭警罪共同犯罪

《解释》第6条根据刑法关于共同犯罪的规定，重申了2019年《指导意见》中的相关内容，明确“教唆、煽动他人实施袭警犯罪或者明知他人实施袭警犯罪而提供工具或者其他帮助，情节严重的，以共同犯罪论处”。重申该内容，主要是为了起到提醒和警示的作用，提醒不要忽视对袭警犯罪过程中没有动手，但是积极煽动、蛊惑、教唆实施袭警犯罪或者明知他人实施袭警犯罪而实施提供工具等帮助行为的人，也应以袭警罪共犯论处，从而更好地保障人民警察人身安全，维护司法权威和社会秩序。

（七）关于对非工作时间、非执行职务期间的人民警察实施暴力袭击行为的认定

司法实践中，对非工作时间、非执行职务期间的人民警察实施暴力袭击的，既有遇到突发情况，根据人民警察法需要人民警察依法履行职责的行为，也有行为人因人民警察职务行为对其实施报复性暴力

袭击的情况，因此，《解释》第7条对此进行了明确。

其中，第2款根据人民警察法第19条“人民警察在非工作时间，遇有其职责范围内的紧急情况，应当履行职责”和2019年《指导意见》第5条的规定，明确了人民警察在非工作时间依法履行职责的，应当认定为依法执行职务。对在非工作时间遇有紧急情况依法履行职责的人民警察实施暴力袭击，符合刑法第277条第5款规定的，以袭警罪定罪处罚。

第3款沿袭了2019年《指导意见》第6条的规定，系对人民警察非执行职务期间，因人民警察职务行为而实施的报复行为进行的规制。出现此类情况，因不是发生在人民警察依法执行职务期间，因此，不能适用袭警罪，但此类行为性质恶劣，应根据相关法律进行从重处罚。

（八）关于“人民警察”的认定及相关罪名的适用

人民警察法第2条第2款规定：“人民警察包括公安机关、国家安全机关、监狱、劳动教养管理机关的人民警察和人民法院、人民检察院的司法警察。”《解释》引用了上述规定，在第12条明确了“人民警察”的范围。

对司法实践中争议比较大的“辅警是否属于人民警察”的问题，有观点认为，不能将袭警犯罪中的人民警察等同于人民警察法中的规定，因为实践中的确存在部分辅警在执行职务过程中被袭击，而且辅警的行为是人民警察依法执行职务的延伸，两者本质上是一体的，因此，为维护人民警察依法执行职务的权威性，应当将袭警罪中的“人民警察”扩大，对跟随人民警察执行职务的辅警以袭警罪进行同等保护。后经征求全国人大常委会法工委、最高人民法院和公安部的意见，达成了共识，认为根据人民警察法，辅警从身份上看，并不属于人民警察，因此《解释》第8条第1款规定，暴力袭击辅警的，不适用袭警罪。同时，考虑到辅警虽不能单独执行职务，但在人民警察在场指挥的情况下，可以协助人民警察执行职务，此种情况下，如果同时袭击人民警察和辅警的，可以统一认定为袭警罪，并从重处罚；仅暴力袭击正在依法配合人民警察执行职务的辅警的，不构成袭警罪，符合刑法第 277 条第 1 款规定的，以妨害公务罪定罪处罚。这样，对袭击辅警的犯罪行为也可以依法进行惩罚，避免造成打击不力。

（九）关于袭警罪与相关罪名的关系

由于袭警罪是从妨害公务罪中单列出来的犯罪，司法实践中，袭警罪和妨害公务罪如何适用，是一个难点问题。我们认为，两个罪名之间是一般法与特殊法的关系，因此，如果同时符合两个罪名的构成要件，应适用袭警罪。但是，对于行为人阻碍人民警察依法执行职务，未实施暴力袭击行为，不构成袭警罪，但符合刑法第 277 条第 1 款规定的，《解释》第 7 条第 1 款明确应当以妨害公务罪定罪处罚。

同时，暴力袭击人民警察的行为，既可能对人民警察人身造成损害，也可能涉及国家财产的损失，还会对社会秩序造成危害，因此，可能会涉及故意杀人罪、故意伤害罪、故意毁坏财物罪、寻衅滋事罪、聚众扰乱社会秩序罪等罪名的适用，可能会形成竞合，因此，《解释》第 9 条明确，“实施本解释规定的行为，同时构成袭警罪、妨害公务罪和故意杀人罪、故意伤害罪等犯罪的，依照处罚较重的规定定罪处罚”。这里需要特别说明：一是该条款主要是针对同一行为同时构成不同罪名情形的处理，如果行为人实施的数个行为，根据法律规定，符合数罪并罚的，要作数罪并罚处理。二是司法实践中，此种情形包括以下几种具体情况，即行为人暴力袭击人民警察，或者行为人同一暴力袭击行为同时侵犯人民警察和配合人民警察执行职务的警务辅助人员，同时触犯袭警罪和故意杀人罪、故意伤害罪等数个罪名的，择一重罪处理；行为人暴力袭击正在依法配合人民警察执行职务的警务辅助人员，同时构成妨害公务罪和故意杀人罪、故意伤害罪等其他犯罪的，择一重罪处理。

（十）关于袭警行为从宽处理的适用

为全面准确贯彻落实宽严相济刑事政策，《解释》第10条根据刑法总则的相关规定，参考2019年《指导意见》相关内容，明确了可以从宽处罚、不起诉或者免予刑事处罚的适用，即“实施本解释规定的行为，综合考虑行为人认罪悔罪表现、赔偿损失情况、行为手段、危害后果等情形，认为犯罪情节较轻的，可以从宽处罚；犯罪情节轻微的，可以不起诉或者免予刑事处罚；情节显著轻微危害不大的，不作为犯罪处理”。

需要注意的是，在司法实践中，要注意全面准确理解和适用宽严相济刑事政策，对于犯罪性质和危害后果特别严重、犯罪手段特别残忍、社会影响特别恶劣的袭警犯罪，虽具有本解释规定的从宽情节，依法可不予以从宽处罚。这样既避免打击面过大，也避免了从宽、不起诉等决定的滥用。

（十一）关于办理袭警刑事案件刑行衔接的问题

为了贯彻落实宽严相济刑事政策，实现刑行衔接，《解释》第11条明确，对于被不起诉或者免予刑事处罚的行为人，需要给予行政处罚、政务处分或者其他处分的，依法移送有关主管机关处理，从而有利于实现打击治理效果。

（十二）办理袭警案件赔偿谅解的问题

对于袭警罪是否可适用刑事和解，是司法实践中出现争议较多的问题。我们认为，袭警罪是刑法第六章中规定的犯罪，其侵害的客体是国家机关正常管理秩序和人民警察人身权这一双重客体。刑事诉讼法中明确规定刑事和解适用于第四章、第五章犯罪中因邻里纠纷等民间矛盾引发的3年以下故意犯罪案件和7年以下过失犯罪案件（渎职犯罪除外），袭警犯罪不应适用刑事和解程序。同时考虑到对违法犯罪行为人自愿认罪悔罪、积极赔偿并获得民警谅解，如果一律不予从宽，不利于违法犯罪人认罪悔罪、不利于化解社会矛盾，因此在《解释》第10条中，包括了行为人积极赔偿并取得谅解的，可以依法从宽处理。

（十三）关于本《解释》与2019年《指导意见》的关系

考虑到2019年《指导意见》出台时袭警罪还未单独入罪，且与本解释具有较大不同，因此，《解释》下发后，该指导意见与本解释不一致的，以本解释为准。

实务研究

Shiwu Yanjiu

重大疑难复杂刑事案件出庭策略与方法

房 伟 孟 晓*

出庭公诉，是公诉人代表国家依法指控犯罪、维护诉讼参与人合法权利、履行刑事审判监督职责的重要活动。提升出庭指控、证明犯罪的能力，确保出庭公诉质量，事关检察机关依法惩治犯罪、保障人权、维护稳定、促进公正的履职效果。全国检察机关刑事检察工作会议指出，检察机关要围绕庭审实质化，下大气力加强出庭公诉工作，分类加强对适用速裁程序、简易程序、普通程序案件和疑难复杂案件出庭公诉的研究，有针对性地强化公诉能力建设。

近年来，以审判为中心的诉讼制度改革对公诉工作提出了更高的要求，而适用认罪认罚从宽制度的案件增多，出庭公诉遇到以往的对抗式的挑战变少。而且，司法责任制改革以后，检察官助理没有独立出庭公诉资格，在出庭公诉方面也缺少充分锻炼。而当前司法环境空前开放，特别是一些有重大影响的案件，庭审直播、庭审公开、媒体聚焦成为常态，接受大众品评成为大势所趋，尤其面对重大疑难复杂案件中“组团辩护”时，如何高质效地履行好出庭公诉职责成为我们的重要课题。为切实提升公诉出庭能力，有效应对刑事案件庭审，笔者对一些重大疑难复杂刑事案件出庭中的常见问题进行了梳理，归纳了辩护规律和重点，提出应对策略与建议。

---

* 房伟，河南省郑州市金水区人民检察院党组书记、检察长；孟晓，河南省郑州市金水区人民检察院检察委员会委员、第一检察部主任。

一、重大疑难复杂案件出庭公诉面临的新形势新特点

与侦查的秘密性和审判的中立性不同，公诉人出庭支持公诉要全面展示指控依据和逻辑，接受各方对公诉人综合能力的检验，是让人民群众可感受、能感受、感受到公平正义最直接的形式。在重大疑难复杂案件的办理中，出庭公诉面临的新形势有以下特点：

一是对抗强度大。实践中，有的辩护人把刑事辩护的重点不是放在庭上而是在庭前、庭外。从法庭上随时对公诉人和审判人员提出回避申请，随时引用《人民法院文明用语规范》对审判长的态度进行评论反驳，扩展到向各个相关机关持续实名举报、控告，要求追究办案人员及领导的违纪甚至刑事责任。如有的辩护人采用控告侦（调）查人员、检法承办人、主管领导论文查重率不合格，持续公布所就读院校处理进程的方式向司法机关施以压力。

二是辩护范围广。实践中，有的辩护人不仅围绕案件本身的办理程序、事实证据开展辩护，还在各个方面刨根究底。如某电信诈骗案中，辩护团队针对某直辖市制定的立案指导意见向全国人大递交了审查建议，力图从根本上动摇司法机关的办案依据。

三是涉及主体多。以往，出庭公诉中辩护人对抗的主要是出席法庭的公诉人和诉讼参与人。但是，在一些重大疑难复杂案件庭审中，扩大到了侦（调）查人员、审判长、人民陪审员和并未参与庭审的审（检）委会成员、相关司法机关的领导。如有的辩护人通过调查人民陪审员的任免时间，发现人民陪审员任期已满，导致庭审活动归于无效。

四是辩护战线长。实践中，有的重大疑难复杂案件的控辩对抗在公诉人收到辩护人提交委托手续前已经开始，在案件判决生效后可能仍未结束。如某被告人众多的案件，一名辩护人接受委托后，未提出明确的无罪辩护意见。案件提起公诉后，辩护人团队大规模接受委托，

开展无罪辩护、实名举报。又如一起社会广泛关注的强奸案件，案件作出生效判决后，辩护人继续以接受采访、组织研讨的方式，支持被告人家属进行申诉。

五是被告方配合紧密。实践中，重大疑难复杂案件的配合可以分为两个方面，一是在法庭上，辩护人与被告人、辩护人与辩护人之间的配合。如审判长不同意辩护人的某些申请，被告人就拒不到庭进行抗议。再如辩护人当庭受到审判长的训斥，被告人遂立刻以身体不适申请休庭为由打断审判长，变相阻止审判长维持庭审秩序。二是庭外舆论的配合，如发动固定合作的独立媒体人发布案件信息，塑造案发背景，从非法律角度利用社会关注影响案件走向，家属发布针对办案人员和办案机关进行实名控告的音视频。

二、重大疑难复杂案件出庭公诉常见问题

（一）程序方面

刑事诉讼程序不仅具有保障刑法实施的价值，还有其独立价值，一旦启动，就对案件的诉讼结果具有独立的塑造功能。所以，近些年来，有的辩护人辩护的思路也发生了明显变化，“不打实体打程序”，通过程序终止诉讼或者否决刑事案件的“犯罪”属性。常见的几个问题：

1. 关于管辖问题。一是提出申请提级管辖。重大疑难案件牵扯利益关系重大，辩护人为最大限度剥离办案地对案件的影响和办案单位已经形成的意见，会以社会广泛关注或者涉案金额特别巨大为由，依据最高人民法院《关于适用〈中华人民共和国刑事诉讼法〉的解释》第 17 条第 2 款第 1 项规定，基层人民法院可以请求将重大、复杂案件移送中级人民法院审判；或者依据刑事诉讼法第 22 条规定的高级人民

法院管辖的第一审刑事案件，是全省（自治区、直辖市）性的重大刑事案件，申请报送上一级人民法院审理。二是提出申请指定其他同级司法机关管辖。实践中，辩护人常常以侦查机关"远洋捕捞"，以刑事手段插手经济纠纷或者经营活动，跨省抓捕为由对侦查权提出质疑，尤其是提出本地司法机关管辖异议。

2. 关于回避问题。一是辩护方提出回避申请的理由。实践中，辩护人主要是结合具体情形，依据最高人民法院《关于适用〈中华人民共和国刑事诉讼法〉的解释》第27条第5项"与本案当事人有其他利害关系，可能影响公正审判的"以及第28条第6项"有其他不正当行为，可能影响公正审判的"提出回避申请。具体情形主要包括：（1）辩护人一方已经对办案人员提出控告，形成了利害关系，可能影响公正审判。如某职务侵占案中，被告人庭前多次控告公诉人办案行为违法，并以控告导致形成利害关系为由申请公诉人回避被驳回后，当庭又控告公诉人接受被害人贿赂。公诉人回应，已向公安机关报案，控告被告人诬告陷害。辩护人则提出，公诉人因为报案与被告人形成了可能影响公正审判的利害关系，应当回避。（2）办案人员担任过本案的证人、鉴定人、辩护人、诉讼代理人、翻译人员。如某诈骗案在庭审中，由于公诉人使用地方方言，外地辩护人提出听不懂公诉人讲话内容，审判长当庭用普通话复述了公诉人的发言，辩护人随即提出，审判长履行了翻译的职责，担任了翻译人员，应当回避。（3）为本案的当事人推荐、介绍辩护人、诉讼代理人，或者为律师、其他人员介绍办理本案。如辩护人提出，审判长和公诉人曾要求被告人解除对辩护人的委托更换本地律师，属于违规推荐辩护人，反映出不公正审理的立场，可能影响公正审判，应当回避。（4）违反规定会见本案当事人、辩护人、诉讼代理人。实践中，有的公诉人在审判环节为进一步核实证据使用法院的提讯提解证提审被告人，辩护人提出，公诉人的行为违反了2014年“两高一部”《关于羁押犯罪嫌疑人、被告人实行换押和羁押期限变更通知制度的通知》的规定，属于违反规定会见当事人，应当回避。二是对于有关回避司法解释的规定提出不同的理解。实践中，有的辩护人对最高人民法院《关于适用〈中华人民共和国刑事诉讼法〉的解释》第35条第2款、第39条的适用提出不同理解。第35条第2款规定，当事人及其法定代理人申请回避被驳回的，可以在接到决定时申请复议一次。不属于刑事诉讼法第29条、第30条规定情形的回避申请，由法庭当庭驳回，并不得申请复议。第39条规定，辩护人、诉讼代理人可以依照本章的有关规定要求回避、申请复议。根据第39条“可以依照本章的有关规定要求回避、申请复议”而非“参照适用本章规定”的表述，属于授权辩护人、诉讼代理人申请回避、复议的规定，而非如何处理的规定，因此，不得以“不属于刑事诉讼法第二十九条、第三十条规定情形”为由，当庭驳回辩护人、诉讼代理人的回避申请，必须按照法定程序作出和送达决定。

3. 关于分案与并案处理的问题。在被告人人数众多，或者部分被告人可能判处无期徒刑以上刑罚但其余被告人只能判处有期徒刑以下刑罚的案件中，司法机关可能因为各种原因对被告人作分案处理。有的辩护人认为，司法机关通过“另案处理”人为割裂案件，剥夺被告人的对质权，以分案违法为由拒绝开庭。

（二）证据方面

证据是案件的基石。所谓基础不牢，地动山摇，如果证据出现问题，就会影响整个案件的质量。而证据的合法性问题，往往是法庭上控辩双方的重点。

1. 关于排除非法证据的范围。根据刑事诉讼法及相关司法解释、

2024 年“两高三部”《办理刑事案件排除非法证据规程》的规定，排除非法证据程序审查的对象仅包括犯罪嫌疑人（被告人）供述、证人证言、被害人陈述、书证、物证。有的辩护人认为，凡是违反法律规定取得的证据就属于非法证据，从而将鉴定意见、电子数据、视听资料与被告人供述等五类证据一并提出排除非法证据的申请。某案件中，辩护人罗列了近万条排除非法证据的清单，要求在庭前会议或者排除非法证据程序中予以解决。如果认为鉴定意见、电子数据、视听资料三种证据属于排除非法证据的范围，根据最高人民法院《关于适用〈中华人民共和国刑事诉讼法〉的解释》第 230 条第 3 款的规定，召开庭前会议时应当通知被告人到场。此外，根据“两高三部”《关于办理刑事案件严格排除非法证据若干问题的规定》第 33 条第 2 款的规定，在法庭作出是否排除有关证据的决定前，不得对有关证据宣读、质证。所以，认定排除非法证据的范围决定了被告人是否参加庭前会议和宣读证据范围。有的辩护人通过扩大排除非法证据的范围使被告人尽早向审判长陈述案情，推迟进入示证环节。

2. 关于立案前取证合法性的问题。个别案件存在卷宗中装订有立案前获取证据的情况，还存在犯罪嫌疑人、被害人、证人的言词证据中反映出侦查机关在立案前有侦查行为的情况。辩护人认为，立案是侦查的开始，也是侦查的前提。立案前取证是非法的，应当全部排除，并由此提出侦查机关办理案件存在利用刑事手段干预经济纠纷或者趋利执法等违法动机。

3. 关于被告人供述的问题。一是关于传唤是否合法。刑事诉讼法第 119 条第 1 款规定，对不需要逮捕、拘留的犯罪嫌疑人，可以传唤到犯罪嫌疑人所在市、县内的指定地点或者到他的住处进行讯问，但是应当出示人民检察院或者公安机关的证明文件。对在现场发现的犯罪嫌疑人，经出示工作证件，可以口头传唤，但应当在讯问笔录中注明。对此，有的辩护人就从以下几个方面对传唤期间的笔录提出质疑：传唤后对犯罪嫌疑人决定刑事拘留、逮捕的，适用传唤违法；在非案发现场进行的传唤，不属于对在现场发现的犯罪嫌疑人进行传唤，仅出示工作证件进行口头传唤违法；口头传唤未将传唤情况记入笔录，传唤违法；对自动投案的犯罪嫌疑人未使用传唤证传唤。辩护人认为前述四种情形属于违法传唤，系非法拘禁情况下制作的笔录，应当作为非法证据予以排除。二是异地传唤的特殊规定。根据《公安机关办理刑事案件程序规定》第 346 条第 1 款和《关于进一步依法严格规范开展办案协作的通知》的规定，公安机关在异地执行传唤、拘传、拘留、逮捕，开展勘验、检查、搜查、查封、扣押、冻结、讯问等侦查活动，必须向当地公安机关提出协作请求，并在当地公安机关协助下进行，或者委托当地公安机关代为执行，不得自行在异地开展办案活动。在存在涉及跨县及以上行政区域开展抓捕等侦查活动的案件中，辩护人就会提出要求侦查人员出庭说明协作情况，详细到出示了何种证明文书和证据以及如何出示，目的是发现协作过程中有无违法情形，以推翻办案机关在异地获取的各类证据的合法性。三是是否属于违法使用械具构成变相肉刑。根据《中华人民共和国看守所条例》第 17 条、第 21 条和《中华人民共和国人民警察使用警械和武器条例》第 8 条的规定，对在押犯罪嫌疑人、违法犯罪分子使用械具有严格的条件限制。在有的案件中，辩护人以超长时间违法使用械具使犯罪嫌疑人遭受不能忍受的痛苦为由提出排除此时间内犯罪嫌疑人、被告人的所有供述。四是关于应当对讯问过程进行同步录音录像的范围。刑事诉讼法第 123 条第 1 款和《公安机关讯问犯罪嫌疑人录音录像工作规定》第 4 条对讯问犯罪嫌疑人同步录音录像的案件范围作了规定。如刑事诉讼法第123条第1款规定，侦查人员在讯问犯罪嫌疑人的时候，可以对讯问过程进行录音或者录像；对于可能判处无期徒刑、死刑的案件或者其他重大犯罪案件，应当对讯问过程进行录音或者录像。在涉案犯罪嫌疑人众多，只有个别犯罪嫌疑人可能因判处无期徒刑等应当同步录音录像的情况下，有的辩护人会提出申请，要求检察机关移送同案其他犯罪嫌疑人的讯问同步录音录像。即使在主从犯分案处理的情况下，辩护人也会提出由于主犯可能判处无期徒刑，所以从犯也应当同步录音录像。一旦公诉人无法提供同步录音录像，辩护人则会结合讯问活动的瑕疵或者排除非法证据的线索和材料，根据2024年“两高三部”《办理刑事案件排除非法证据规程》第27条第2项的规定申请排除相应犯罪嫌疑人的供述。

4. 关于司法会计鉴定的问题。一是司法会计鉴定的依据问题。在一些重大疑难复杂案件中，辩护人有时根据《人民检察院司法会计工作细则（试行）》第24条第2项提出，由于鉴定意见系依据犯罪嫌疑人供述、被害人陈述、证人证言等非财务会计资料形成，检材违法。即使根据《司法鉴定程序通则》第24条的规定，司法鉴定人也仅仅有权了解进行鉴定所需要的案件材料，必要时可以询问诉讼当事人、证人，并未授权司法鉴定人可以根据言词证据形成意见。因此，辩护人提出，依据言词证据形成的鉴定意见应当予以排除。二是关于鉴定意见与审计报告的区别。有的辩护人提出，审计报告不能作为定案依据。辩护人将卷宗内的材料与鉴证、审计和鉴定进行混淆，交叉运用《司法鉴定程序通则》《中国注册会计师鉴证业务基本准则》《中华人民共和国审计法实施条例》进行质证，在公诉人没有提前充分准备的情况下，容易出现答辩错误。

5. “证据关门”。实践中，一些重大疑难复杂案件普遍存在提起公诉后、二审期间补充证据的情况。虽然《人民检察院刑事诉讼规则》第340条及相关规定均规定了检察机关可以补充证据，但辩护人常提出质疑。辩护人提出，根据刑事诉讼法关于提起公诉的证据标准，检察机关提起公诉的案件达到犯罪事实清楚，证据确实、充分。案件起诉至法院之后，检察机关补充新证据，应以延期审理期间补充为限。在此程序之外，起诉至法院后补充的证据均违法。同时，辩护人提出，二审审理的对象应当是“原判决”和上诉、抗诉的理由，一审判决具有“关门”的功能，通过“关门”对一审判决依据的证据和事实进行“冻结”，二审法院仅应当对“冻结”的证据进行审查。二审期间检察机关通过“补充证据”就可能使一审认定的事实发生“证据改变”。而且，对于新补充的证据只进行了一次审理，使被告人上诉权受到损害。因此，一审判决之后检察机关补充的证据均不合法。

（三）其他方面

其他方面，比如，要求检察机关履行法律监督职责。在辩护人发现办案机关有违法情形或者认为辩护权受到侵害时，除了控告，还会要求检察机关进行法律监督，甚至当庭要求公诉人作出回应。如发现看守所拒绝安排辩护人会见在押的犯罪嫌疑人等。公诉人面对此类违法监督申请时，是主动监督还是待申请再监督，辩护人申请时是否回应，如何回应，以及如何选择监督方式。对这些问题的处理，可能直接将关注热点和辩护焦点引到被监督机关和检察机关。

三、存在上述问题的原因分析

一是刑事司法理念需深入人心。刑事司法理念决定了具体问题的处理思路，对待具体问题和诉讼参与人的态度反映出刑事司法理念。检察官代表国家支持公诉，履行诉讼职责，同时，作为公共利益守护者，检察官在诉讼中不应片面将追诉犯罪作为价值追求，最终目标是通过依法、全面、正确履行职责，维护司法公正，依法保障人权，让人民群众在每一个司法案件中感受到公平正义。[①] 实践中，有的检察官仍旧抱有片面的追诉立场，错误的对抗观念，忽视辩护权利的保障，认为捕了没诉或者诉了没判就是“输了”，面对辩方针对其他机关违法行为的控告不敢监督、不会监督，正因为理念落后，导致客观公正、实事求是的立场不稳。

二是庭前工作准备不足。公诉人出庭的重要工作就是出示证据并对质证意见进行答辩。因此，审查逮捕和审查起诉阶段对证据的审查和证据体系的构建奠定了开庭工作的基础。实践中，有的检察官出庭工作准备不足，如审查工作不细致。有的检察官在提前介入阶段大多停留在把握案件的基本事实层面，使得证据带着瑕疵进入审查起诉阶段，辩护人拷贝卷宗后难以弥补。即使在审查起诉阶段，有的检察官也未做到对刑事案件证据的体系化、多维度审查。如某犯罪集团案件中，辩护人在庭审中指出，到案经过和辨认笔录显示同一名侦查人员抓捕被告人的同时还在一千多公里外组织其他被告人开展辨认，再结合案件存在的其他证据瑕疵，提出案件是趋利执法而制造的“假案”。又如，对法律问题研究不深入、不透彻。以鉴定、鉴证和审计为例，有的辩护人当庭抛出类似概念意图混淆视听，再依据审计规定对鉴定进行质证或者反之，实际自身的辩护前提就是错误的，依据也是自相矛盾的。但由于公诉人在审查中并未预判到该问题，没有深入研究具体异同，导致当庭无法应对。再如，出庭方案没有针对性。重大疑难复杂案件案案有不同，有的公诉人完全照搬其他案件的经验材料，当

① 孙谦等主编：《刑事检察业务总论》，中国检察出版社2022年版，第10页。

庭答辩脱离案情，自说自话；有的公诉人的答辩方案没有考虑辩护人的特点，回应无力或者答辩意见刺激到辩护人；有的公诉人一味关注辩护人庭前提交的意见，对辩护人当庭提出的新意见无法应对，措手不及。

三是出庭能力水平有待提升。出庭支持公诉能全面展示公诉人的气质形象、表达能力、知识储备和对案件的掌握程度。但有的检察官忽视了能力提升和知识积累，忽视对新理论的掌握。对新型犯罪案件或者传统犯罪中出现的新问题、程序处理的新争议不能有效应对。有的公诉人缺乏应变能力，面对被告人当庭翻供或者辩护人突然发难无法应对，或者忽视辩方漏洞，错失当庭揭穿无理辩解的时机。

四、提高出庭能力的举措

加强出庭公诉工作、提高出庭公诉水平，是适应以审判为中心的刑事诉讼制度改革、全面贯彻证据裁判规则、有效应对庭审实质化的必然要求；是落实司法公开化、民主化，主动接受人民群众监督，提高司法公信力的必然要求；是保障起诉案件质量，强化指控犯罪力度，依法履行审判监督职责的必然要求。检察官要充分认识当前公诉人出庭能力与新形势、新要求的差距，增强出庭公诉工作的紧迫感，强化责任意识，把加强出庭公诉作为公诉工作的龙头来抓，切实提高出庭公诉的质量和效果。[①]一个能够驾驭大庭、啃硬骨头案的公诉人是疑难复杂案件打磨的结果，是专业功底和人文素养的集合。

（一）从案件办理的角度

一是公诉人要准确贯彻诉讼法基本原则和理念，重视对证据合法

① 苗生明等：《刑事检察专论》，法律出版社2020年版，第46页。

性的体系审查。正确区分瑕疵证据及非法证据，需补正的按规定补正，不为了逃避控辩分歧而拔高证据标准；该排除的依职权排除，不罔顾侦查违法强行说理，如此才能兼顾打击犯罪与法律监督的不同职责要求。二是公诉人要站稳客观公正立场，重视听取当事人辩解和辩护人意见。重大疑难案件的办理过程和背景都非常复杂，一般情况下卷内证据无法全面反映客观事实，甚至存在“案中案”。在办理过程中，检察官面对面听取辩解和意见，对辩方证据深入审查，精准辨别无理狡辩与合理辩解，才能为全面认定案件事实、预判庭审中辩方意见打好基础。三是公诉人要制定全面成熟的预案。疑难复杂案件的辩护人可能为了防止庭前补充证据，刻意将重要的辩护意见留待开庭发表。公诉人要摆脱对庭前辩护意见的盲信，全面预测程序推进、证据采信、事实认定、法律适用的辩点，提前完成讨论、汇报、审批的流程，以便当庭从容应对。还要根据被告人的性格特点、心态变化，预估被告人面对庭审的态度和情绪敏感点，选择恰当的表达方式，避免极端事件发生。

（二）从素质提升的角度

公诉人要注重自我能力提升。一是要增强专业知识内化，能够脱离纸质提纲运用各项规定、理论观点进行答辩，能够应对辩护人突然抛出的辩护意见，不会被辩护人当庭没有法律依据的发言迷惑。二是要有意识、多途径地向不同领域人员学习各类知识，突破认知局限和信息壁垒，摆脱“出校门入院内”造成的社会知识盲区。要养成“打破砂锅问到底”的习惯，遇到涉及技术问题、行业规则的案件，通过引导侦查或者自行补充侦查、咨询专家等方式，吃透吃准证据背后深层次的社会运行现实和实质法律关系。三是要利用各种机会，如接访、会议发言等全面培养观察、应变、表达能力和心理素质，积累处理突发情形的经验。四是要注意了解辩护工作，重大疑难复杂案件被告人大多委托知名律师，辩护工作具有鲜明的个人色彩。公诉人要注意关注舆情热点案件，研究知名辩护人的辩护方法和思路，做到知己知彼，能够针对具体辩护人选择恰如其分的应对方案甚至答辩语气。

（三）从队伍建设的角度

检察机关应当尽量创造提升庭审能力的环境。如公开重点案件开庭安排，允许其他单位承办人根据各自工作需要自行选择观摩，全年完成规定数量的观摩报告或总结；鼓励基层检察官观摩二审庭审，促使检察官用二审视角审查一审案件。又如让庭后评议走深走实，跳出庭审本身的表达、应对、PPT课件制作等表面问题，结合案件办理过程、证据情况、被告人实际状态等开展评议。要注重人才梯队建设，除了组织助理业务竞赛之外，可以采取要求检察官助理列席员额联席会讨论、安排检察官助理扮演辩护人参与疑难复杂案件模拟庭审对抗、部门内汇报案件时要求助理必须发表意见等方式，达到传帮带的目的。

公诉不止于法庭，学习永远在路上。聚光灯下的庭审，是法治进步的重要体现，也是以审判为中心的诉讼制度改革的必然选择。[①]对于一名公诉人来说，案件的疑点难点永远不同，但人民群众对公诉人的要求标准不会变，公诉人的理想追求也不会变。新时代公诉人只有对更高水平出庭、更好效果庭审孜孜以求，才能以看得见的方式让人民群众在每一次庭审中感受到公平正义。

① 最高人民检察院第三检察厅编：《国家公诉人出庭指南》（修订版），法律出版社2023年版，第26页。

刑事抗诉书的制作要求和方法*

张建忠　肖先华　何　露**

刑事抗诉是国家赋予检察机关的专属权力，是刑事审判监督的重要手段，对于维护当事人合法权益，促进司法公正，保证法律统一正确实施，树立和维护法治权威具有重要意义。刑事抗诉书是检察机关发现法院的刑事判决、裁定确有错误，依法向法院提出抗诉而制作的具有法律效力的司法文书。在制作刑事抗诉书时，应当兼顾叙述性和说理性要求，着重阐释审查意见和抗诉理由等重点内容，确保文书质量，增强法律监督质效。

一、刑事抗诉书应当符合叙述性要求

刑事抗诉书叙述性要求主要涉及抗诉书内容的取舍、排版及表述，通常要求做到要素统一、繁简得当及逻辑清晰。

（一）要素统一

人民检察院刑事诉讼法律文书格式样本在该文书内容方面规定较少，制作说明也较宽泛，故实践中要素叙述不统一，需要进一步规范。如原审判决、裁定部分，二审程序、审判监督程序刑事抗诉书格式样

* 本文节选自2024年10月中国检察出版社出版的“刑事检察法律文书系列丛书”之《刑事检察重点文书撰写技巧及范例》一书，有改动。

** 张建忠，最高人民检察院经济犯罪检察厅副厅长；肖先华，最高人民检察院重大犯罪检察厅二级调研员；何露，江苏省常州市人民检察院第二检察部主任。

本均要求对原审裁判主要内容进行引述，引述的内容为判决书“判决如下”或裁定书“裁定如下”之后内容，但是否对裁判结果直接引用、是否原文引用，则做法不一。有些抗诉书对原审裁判内容的引述过于简略甚至不引述，仅说明法院对此案作出了判决。与此相反，有些抗诉书对原审裁判内容的引述又过多，甚至摘录原审判决中“本院认为”以后的全部文字，包括对被告人行为性质的认定、检察机关及辩护人的意见采纳情况、判处刑罚、刑期的起止时间等，导致引述内容篇幅明显过长。如全案事实部分，格式样本要求概括叙述检察机关认定的事实、情节，但实践中同样做法不一。有的抗诉书在叙述原审判决、裁定后，会紧接着描述该案的案件事实，此后再叙述检察机关审查意见，不仅造成篇幅冗长、焦点模糊，甚至原审裁判的错误与大段叙述的案件事实没有关联。

（二）繁简得当

文书格式样本及制作说明同样对此没有明确规定，实践中如何把握并没有统一标准。总体而言，叙述繁简应从是否有利于实现诉讼价值来衡量，力求繁简得当。如抗诉审查意见部分，叙述的是原审裁判的错误，是否需叙述值得肯定的部分实践中做法不一。有些抗诉书甚至大段叙述原审裁判值得肯定之处再叙写错误之处，导致篇幅失衡、核心模糊。从抗诉的诉讼意义来看，是否指出原审裁判的正确之处并不会对抗诉产生实质影响，故并不具有叙述必要性。又如抗诉理由部分，该部分是抗诉书中最复杂也是最难把握的，重点如检法争议焦点，实践中叙述存在缺失或过于简单的情况。对原审判决事实认定错误的，有的仅简单罗列检法争议的事实，却不对争议点进行叙述以致抗点模糊；对原审判决适用法律错误的，有的仅直接分析具体错误，却不分析争议点。

（三）逻辑清晰

要素和繁简都是从内容角度对叙述提出要求，逻辑性则是从形式上保证内容叙述的呈现效果。逻辑不当在审查意见对原审裁判错误归类中体现得尤为典型。根据文书格式样本，原审裁判的错误类型有认定事实错误、适用法律不当和审判程序严重违法三种。实践中，抗诉审查意见部分撰写存在的问题主要有：一是未对裁判错误进行归类，仅简单表述为“判决确有错误”，在此后具体的抗诉理由中再说明裁判错误之处；二是对裁判错误的归类逻辑混乱，如将原审裁判错误归纳为“该判决认定罪名不正确，适用法律错误，量刑情节认定有误，量刑失当”，但实际上罪名认定与法定量刑情节认定均应属于适用法律错误；三是对裁判错误的归类逻辑不当，如针对法院判决认定的主从犯问题提出抗诉，将审查意见表述为“判决认定事实有误、适用法律错误、量刑不当”，但事实上检法对多名被告人在共同犯罪中的分工及行为认定并无分歧，仅针对其中部分被告人的行为是否属于次要、辅助作用认识不同，而这属于法律适用问题，而非事实认定问题。此外，叙述性还要求表述客观。这一要求与起诉书并无二致，不可出现有人格侮辱性、口语化及事实中直接进行法律评价等语句。同时，抗诉书中还应尤为注意表示程度的词语使用，如“适用法律错误，导致量刑明显不当”，这里的“明显”即带有较浓的主观色彩，应尽量避免。

二、刑事抗诉书应当符合说理性要求

刑事抗诉书说理性要求是抗诉书制作的难点，也是必然要求，重点体现在抗诉审查意见和抗诉理由等部分的撰写。实践中，存在的问题主要有：一是观点不明。抗诉理由是审查意见的展开，一份抗诉书可能仅有一个审查意见，却有多个抗诉理由来支持，每一个抗诉理由均应首先提炼出主要观点或裁判的具体错误。但实践中有些抗诉书在阐述每个抗诉理由时并没有先亮明主要观点而直接展开论述，往往需将整段抗诉理由读完才能明白主要观点。二是逻辑混乱。如抗诉理由部分，应层次分明、逻辑清晰、环环相扣，按照事实认定、适用法律及审判程序的顺序来论证判决错误。有些抗诉书在抗诉理由部分，将事实认定、证据采信与法律适用等问题穿插论述，事实认定还没有充分说理就开始论述法律适用问题，此后又回到事实认定，层次不清、逻辑错误。事实上，事实认定和证据采信是适用法律的基础，只有先充分论证法院在认定事实和采信证据上的错误，才能进一步论证法院在法律适用上的问题，如将属于不同方面不同层次的问题并列、混杂说理，将导致逻辑不清、层次不明，抗诉效果也无法保证。三是批驳不力。在抗诉理由部分问题也较多，有的仅是公诉意见的重复和延续，而没有对裁判的错误针对性地进行论证和批驳，对法院判决改变指控的原因及错误没有充分分析和论证，甚至出现只立论不驳论的“翻版起诉书”“翻版公诉意见书”情况。以故意杀人案无罪判决为例，若抗诉理由仅有两点：第一，本案有证据证明被告人实施了故意杀人行为，其有罪供述与在案其他证据能够相互印证；第二，判决书判决被告人无罪属于适用法律不当。这样的论述会非常苍白。有罪供述是否依法、真实、客观？有无同步录音录像印证？内容与同步录音录像是否一致？是否与证人证言、现场勘查情况之间存在矛盾？矛盾是否可以合理解释？供述的细节是否非亲历现场无法得知？这些情况均需要详细论述。如果说理不透，逻辑链条不严密，自然无法实现有力批驳的效果。四是前后矛盾。抗诉审查意见与最终的结论性意见应保持内在的逻辑统一，通过抗诉理由的阐述能自然而然得出结论性意见。但有些抗诉书审查意见、抗诉理由和结论性意见前后矛盾，观点混乱。

具体而言，增强刑事抗诉书的说理性，应从论点鲜明、论据充足、论证有力、结构完整、逻辑严密等方面入手。一是要有明确的针对性。法院的裁判“确有错误”，何为确有错误之处，除明确指出具体错误之处外，还要指出错误的性质和种类，观点鲜明。二是要有清晰的条理性。尤其是在不止一处错误的裁判中，主次如何区分，条理和层次如何展开，对抗诉书的质量尤为关键。说理顺序以认定事实错误、适用法律不当和审判程序严重违法为佳，同种多处错误可以集中阐述，在指出裁判的某一处错误后，应用“一事一证一分析”“先驳后立”的方式先后用事实、法律和理论进行批驳，指出错误原因，再提出正确结论。三是要有具体的反驳性。抗诉书不同于起诉书、公诉意见书，目的在于推翻原审裁判的结论，故叙述、说理均要体现驳论性，将法院裁判错误之处，运用证据、法律和法理逐一驳斥、各个击破，若是自说自话式的仅立论，很难有说服力。四是要有严密的逻辑性。论点阐明后，应综合运用判断、推理等符合客观规律的逻辑思维方法来证明论点。在对原审裁判进行批驳后，还要针对抗诉的观点进行立论性总结，提出抗诉诉求，逻辑严谨、结构完整。

此外，规范性也是刑事抗诉书的应有之义。实践中不少抗诉书存在两种抗诉书格式混用、法条引用错误、附注内容混乱、标点符号使用混淆等不规范情况。格式规范、表达严谨，方能充分体现抗诉决定的合法性与正当性。

三、刑事抗诉书应当着重阐释审查意见和抗诉理由

根据人民检察院刑事诉讼法律文书格式样本，刑事抗诉书分为二审程序刑事抗诉书和再审程序刑事抗诉书两类。二审程序刑事抗诉书

由首部、原审判决（裁定）情况、检察机关审查意见和抗诉理由、结论意见和要求、尾部、附注等部分组成。再审程序刑事抗诉书由首部、原审被告人基本情况、生效判决或者裁定概括、对生效判决或裁定的审查意见（含事实认定）、抗诉理由、抗诉决定、尾部、附注等部分组成。不论是二审程序刑事抗诉书，还是再审程序刑事抗诉书，审查意见和抗诉理由都是重中之重，需要着重分析论证。

（一）审查意见

在文书格式样本中，两种抗诉书在抗诉审查意见部分要求不同，主要区别在于是否需要进行事实认定。

其一，关于事实认定。二审程序抗诉书无此要求，而审判监督程序抗诉书在格式样本中用了不少篇幅作出规定。在刑事抗诉书中载明足以支撑抗诉决定的事实与证据，是阐明抗诉决定合法性与正当性的必然要求。这部分要求概括叙述检察机关认定的事实、情节。应根据具体案件事实、证据情况，围绕刑法规定该罪构成要件特别是争议问题，简明扼要地叙述案件事实、情节。一般应当具备时间、地点、动机、目的、关键行为情节、数额、危害结果、作案后表现等有关定罪量刑的事实、情节要素。一案有数罪、各罪有数次作案的，应当依由重至轻或时间顺序叙述。对于原审判决、裁定中认定的事实或新发现的事实、证据，应作比较详细的介绍。在认定时，案件事实需是经审查认定的事实，检察机关在审查认定时未予以认定的，不能作为后续抗诉理由的事实依据。实践中刑事抗诉书的事实认定主要有以下难点：一是“案件事实”有特定内涵。抗诉依据的案件事实与原审裁判认定的案件事实并不等同。后者是经原审法庭调查、法庭辩论确认的事实，可能与起诉书认定的案件事实等同、交叉或排斥，是根据检察机关出具的证据经过法庭质证认定的，也是原审被告人应当承担刑事责任的最基本依据。法院的审判职责就是查明证据所指向的犯罪行为事实。而作为抗诉依据的案件事实，是证明本案存在抗诉事由的事实，与原审被告人的犯罪行为事实并不完全等同。当抗诉事由是刑事诉讼法第 238 条规定的相关事由时，抗诉书认定的事实就不是犯罪行为事实。如“违反本法有关公开审判的规定的”“违反回避制度的”“剥夺或者限制了当事人的法定诉讼权利，可能影响公正审判的”等，其实都是法官主持庭审活动、审判组织组成情况等相关事实，同样的情况还有刑事诉讼法第 253 条规定的“违反法律规定的诉讼程序，可能影响公正审判的”“审判人员在审理该案件的时候，有贪污受贿，徇私舞弊，枉法裁判行为的”等。这种与原审判决、裁定认定的犯罪行为事实的不同，对事实认定部分的制作带来不小挑战。二是新证据、新事实。若支持抗诉决定的证据属于“新证据”，刑事抗诉书应写明证据来源，是引导公安机关补充侦查取得，还是检察机关自行补充侦查后所获。新证据的出现会带来一系列连锁反应，对抗诉事实认定是极大的补强或补正。如果形成“新事实”的，应参照起诉书指控犯罪事实的要求详细展开叙述，以白描的方式将新事实说清楚；如果没有形成“新事实”，仅是原案证据的补强，则应围绕新证据与原案证据的印证、新证据对原案事实的支撑、新证据独特的作用等充分论证。三是选择性叙述。事实认定部分专门记载与抗诉决定相关的案件事实，抗诉理由部分也会涉及案件事实问题，对相关事实认定、证据采信等问题较详细地展开论述，这就容易出现前后重复的情况。实践中不少抗诉书因重复、冗长进而导致焦点不明。我们认为，关于此种情况可以在事实认定部分只对与原审裁判认定事实不一致的内容进行简要说明，如“除 ×× 事实外，其他与 ×× 人民法院认定的事实一致”，或“×× 人民法院认定 ×× 事实缺乏证据证明，其他事实与 ×× 人民法院认定的事实一致”，在后续抗诉理由部分再对相关事实认定情况详细叙述、论证，效果更佳。

其二，关于具体意见。这部分内容是检察机关对原审判决、裁定的审查意见，目的是明确指出原审判决、裁定的错误所在，告知二审或者再审法院，检察机关抗诉的重点是什么。应观点鲜明、简明扼要，与原审判决、裁定部分独立成段。制作审查意见部分，需有鲜明的论点，即应明确指出原审判决、裁定错误之处，再简洁明了表述检察机关抗点。切忌出现格式化倾向审查意见，不论抗诉事由为何，一律表述为“该判决认定事实、适用法律确有错误”甚至“该判决确有错误”。值得注意的是，错误之处核心在于原审裁判的错误类型，主要有认定事实错误、适用法律不当和审判程序严重违法三种，应避免使用“遗漏重要事实”“定性错误”“审判中存在程序违法情况”等表述方式，更不能不指出原审判决、裁定错误类型而直接展开说明具体错误。在具体叙述时，根据原审裁判是单一错误还是复杂错误，采取不同的叙述方式，保持叙述模式的弹性。一是对于单一类型错误的，可以采用两种叙述模式：“原审裁判错误类型”和“原审裁判错误类型+错误点”，这两种方式均应和抗诉理由部分的叙述有机结合。前者在抗诉理由部分应明确指出原审裁判的具体错误，再阐明抗诉理由，后者则可以在抗诉理由部分直接论证。二是对于复杂错误的，错误类型三占其二甚至更多，需叙述所有的错误类型。如不同错误类型之间没有逻辑关联，错误类型应按照审判程序严重违法、认定事实错误、适用法律不当的顺序展开，前后不应随意调整；如不同错误类型之间具有逻辑关联，则应按照逻辑关联的先后顺序展开叙述。

需特别说明的是，三种原审裁判错误类型中，适用法律不当可谓难点中的难点。准确适用法律在抗诉案件“先驳后立”中至关重要。

一要寻找最接近案件事实的法条。适用法律需运用法律逻辑三段论，将法律规范作为大前提，将具体案件事实归属于犯罪构成要件以形成小前提，再通过三段论进行逻辑推理，历经“从具体事实到法定事实，从法定事实到法律规范，从法律规范到法律适用”的逻辑推理过程。其间，特定案件事实可能与多个法条关联，为精准抗诉需要寻找到与案件事实契合度最高的法条。当出现法条竞合时，应遵循“上位法优于下位法”“后法优于前法”“特别法优于一般法”等原则，适用内涵更丰富、映射案件事实更广泛的法条。二要恰当运用法律解释方法。法律解释是法律适用中至关重要的环节。方法有很多种，如文义解释、历史解释、目的解释、体系解释等。抗诉案件中，必然有不少新矛盾、新问题、新案件是法条、司法解释尚未规定的，检察机关应积极运用解释方法通过典型个案、系列类案的抗诉引导统一法律适用和价值取向。三要准确适用定罪量刑情节。有三个原则应重点把握：禁止重复评价，即将同一个情节既作为定罪依据，又用于量刑评价，如在交通肇事逃逸案中极易错误适用，而逃逸的重复评价也是检察机关抗诉的重要理由；定罪情节优先，在优先考虑定罪情节已经满足的情况下，再作为量刑情节考虑；多余定罪情节转化，如在抢劫案中，在同时满足多种情节的情况下，多余的情节应转化为从重处罚的量刑情节，处罚应重于仅有一种情节的抢劫犯罪，这也是检察机关抗诉量刑畸轻畸重的典型。

（二）抗诉理由

抗诉理由部分是刑事抗诉书的核心，是最考验说理能力的部分，着力点在于反驳原裁判的错误观点，论证分析裁判错误的原因，并进而充分阐述和论证检察机关抗诉的观点和理由。从案件角度，这部分解决的是原审裁判错误在哪里、为什么错误、抗诉观点是什么、为什么应当抗诉的问题。一份高质量的刑事抗诉书在这部分定然是先驳论后立论，即先准确运用案件事实、法律及法理，剖析原审裁判错误之处，再充分论证检察机关抗诉意见。

其一，关于说理要求。在论证抗点时，对证据的可采信、适用的法律、对法律的正确理解等，都应遵守法律逻辑的严谨性、针对性要求，准确运用同一律、矛盾律、排中律等，直接揭示问题所在。一要观点正确。首先，要选准驳论点，要在抗诉审查意见指出原审裁判错误的基础上，进一步归纳提炼错误之处的论点，需抓准关键进行批驳。实践中，从抗诉效果来看，错误论点是否系真错误往往是检法争论的焦点，对定罪量刑的认识分歧也是最难说服法院之处。故有不少抗诉书存在尽量多列抗点，除主要焦点外，细枝末节的瑕疵问题也一律列为抗点，以期法院择其中某点改判。我们认为，从抗诉权威性来看，提炼出来的错误论点应是原审裁判错误的核心根本问题，即直接关系案件定罪量刑的实质性问题，而不是那些细枝末节的与犯罪构成无关紧要的次要问题。其次，要准确立论。立论的论点需观点鲜明，与驳论的论点对立，符合事实和法律，并合乎法理，并能得到案件证据材料的支撑。二要理由充分。应根据不同的案件情况和不同的抗诉事由，善于运用事实、法律和法理，充分恰当展示抗诉理由。首先，要论证充分。旁征博引但要客观真实。论证案件事实的，需来源合法并经查证属实；论证法律适用的，需为学界通说或已经形成普遍共识的法理，并能切合案情。其次，要树立类案思维。个案存在争议的，应在案情事实和法律适用的论据之外，灵活运用指导性案例、典型案例、公告案例等，作为鲜明的例子直接展现权威性案例的指导性，使抗诉观点更具说服力。与之类似的，检察机关应重视类案抗诉，以一类案件共同存在的问题向原审法院展示，在增强抗诉公信力的同时，实现推动法律适用统一的司法价值。最后，要重视个案差异。这与类案思维并不冲突，强调的是应根据个案的实际情况，灵活树立观点并展开论证，不能只重视“格式化”“规范化”，不论实际案情千篇一律阐述理由，更不能生搬硬套法律、法理。三要论证合理。论证的过程需运用法律逻辑方法，具有科学性、条理性和逻辑性，说理和观点之间要有必然的因果关系，得出的结论有且仅有一个，能深刻体现两者之间的内在逻辑关系，具体论证过程应层次分明、环环相扣，结论不能自相矛盾或违背常理。

其二，关于说理方法。需强调的是，关于原审裁判的错误类型明确只有三种，但实践中有的刑事抗诉书不规范表述，将“认定事实错误”表述为“认定事实有误”，将“适用法律不当”表述为“适用法律不准确”，将“审判程序严重违法”表述为“审判程序存在问题”，不仅有违刑事抗诉书应有的规范、准确和严谨要求，也易引起对抗诉决定于法无据、是否小题大做的质疑。更有甚者，基于法律规范措辞的严谨性，某些措辞差别会导致表达含义大为不同。与之相对的，不宜使用“瑕疵”“不妥”等较含糊的词论证抗诉理由。若原审判决、裁定确系存在采信证据错误、认定事实错误、适用法律错误等问题，用“瑕疵”“不妥”等表述不但有失严谨，且易引起检察机关吹毛求疵的观感。具体而言，围绕三种错误类型，我们认为，对认定事实错误的论证需全面而有针对性；对适用法律不当的论证需合乎逻辑而有条理性；对审判程序严重违法的论证需精准而有公正性。一是对于认定事实错误的，文书格式样本制作说明明确规定，应针对原审裁判的错误之处，提出纠正意见，强调抗诉的针对性。对于有多起“犯罪事实”的抗诉案件，只叙写原判决、裁定认定事实不当的部分，认定事实没有错误的，可以只肯定一句“对……事实的认定无异议”即可。突出检、法的争议重点，体现抗诉的针对性。对于共同犯罪案件，也可以作类似处理，即只对原判决、裁定漏定或错定的部分被告人犯罪事实作重点叙述，对其他被告人的犯罪事实可简写或者不写。关于“证据部分”，应该在论述事实时有针对性地列举证据，说明证据的内容要点及其与犯罪事实的联系。此外，刑事抗诉书中不能追诉起诉书中没有指控的犯罪事实。对于有自首、立功等情节，应在抗诉书中予以论述。实践中，原审裁判认定事实错误的通常是两种情况：认定事实的证据不充分或不真实。前者往往是证据材料不全，对于关系案件主要事实的证据材料，应当认定而没有认定；后者往往是当事人提供了未经调查核实的无效甚至虚假证据材料却被认定。制作刑事抗诉书需根据这两种情况指明具体错误。检察机关抗诉采信证据来认定事实时，还有两个难点：若依据间接证据认定案件事实的，刑事抗诉书应围绕间接证据之间是否存在印证关系、是否能形成完整的证明体系等进行说理；若采用推定方法认定案件事实的，应说明使用推定方法的原因，反驳事实情况及理由，并论证抗诉意见的形成过程。具体在论证时，可以引述原审裁判认定的错误事实，再论证检察机关认定的事实，并引出检察机关的结论，最后再指出原审裁判的错误。可以采取“夹叙夹议”“一事一证一分析”的方式，在叙述事实时结合证据进行针对性分析。当然，对于检法不存在争议的其他事实无须列明，即如对案件事实、证据采信没有争议，对法律适用或案件定性、审判程序存在分歧的，在刑事抗诉书中无须重复说明案件事实。二是对于适用法律不当的，应针对犯罪行为的本质特征，论述应该如何认定行为性质，从而正确适用法律。要从引用罪状、量刑情节等方面分别论述。实践中，原审裁判适用法律不当的通常是两种情况：定性错误或量刑不当。前者是原审裁判对案件进行定性评价时产生错误，导致有罪判无罪、重罪判轻罪、此罪判彼罪、一罪和数罪混淆等，需根据刑法总则理论知识和刑法分则相关法条的立法原意、司法解释的理解适用等深入论证，对法条竞合的，应说明选择适用的原因；后者往往是量刑畸轻畸重、缓刑适用不当等，需对影响量刑的所有法定、酌定情节综合评价，从社会危害性、人身危险性等角度充分论证量刑不当的错误原因及影响后果。具体在论证时，可以引述原审裁判的错误之处，再运用法条、法理予以论证，最后得出检察机关的结论。可以采取“三段论”的方式，以法条规定为大前提，以原审被告人的行为、行为与结果之间的因果关系为小前提，再得出行为定性的结论。在认定此罪与彼罪时，还可以活用“表格罗列”“案例对比”等方式，深入揭示区分两罪的本质。当然，虽定性争议需围绕犯罪构成展开，但不必面面俱到，对检法没有争议的部分构成要件无须赘述。三是对于审判程序严重违法的，应主要根据刑事诉讼法及有关司法解释，逐个论述原审法院违反法定程序的事实表现，再写明影响公正判决的现实或可能性，最后阐述法律规定的正确诉讼程序。公正不仅要求原审裁判的实体内容是公正的，还要求审理程序和过程的公正性。实践中，针对程序违法的抗诉应重点关注：回避申请；（不）公开审理；排除非法证据申请；调取新证据、重新鉴定或者勘验申请；证人、鉴定人、侦查人员、有专门知识的人出庭申请等。具体在论证时，应先引述刑事诉讼法及相关司法解释规定，论证合法诉讼程序，再阐明原审法院违反法定诉讼程序的情况及影响后果，最后得出检察机关的结论。此外，需特别指出的是，在抗诉原审被告人不止一人、抗诉意见较多、抗诉理由复杂的案件，可将多个抗点分人、分段、分节表述，通过“一人一事一证一观点一分析”的方式有针对性地展开论证说理。

涉众型非法集资案件追赃挽损问题研究及检察履职思考

鲍 键 李 坚*

经过 2018 年至 2021 年全国范围 P2P 网贷专项整治后，涉众型金融犯罪高发多发态势得到了有效遏制。但这类犯罪并未销声匿迹，不法分子打着“金融创新”“科技创新”的旗号，以私募基金、理财产品、信托产品、区块链等名义实施的新类型非法集资案件仍层出不穷。这类案件往往案情复杂、定性争议大、投资人数众多、涉案资产情况复杂，给司法机关开展工作带来严峻挑战。这其中，又以案件追赃挽损工作最为棘手。追赃挽损关乎人民群众切身利益，做好追赃挽损工作不仅是修复社会关系、化解社会矛盾、维护社会稳定的现实需要，也是贯彻落实“高质效办好每一个案件”的具体体现。

一、涉众型非法集资案件追赃挽损工作的实践困境

经过多年的实践，涉众型非法集资案件追赃挽损工作取得了明显的成效，切实帮助人民群众挽回大量经济损失。但不可否认，追赃挽损工作同时面临老生常谈的旧问题和不断涌现的新问题，必须予以重视。

* 鲍键，浙江省杭州市余杭区人民检察院党组书记、检察长；李坚，浙江省杭州市余杭区人民检察院第二检察部副主任。

（一）追赃挽损范围确定问题

追赃挽损的对象是行为人的违法所得，我国刑法第64条规定，“犯罪分子违法所得的一切财物，应当予以追缴或者责令退赔……”根据2017年“两高”《关于适用犯罪嫌疑人、被告人逃匿、死亡案件违法所得没收程序若干问题的规定》（以下简称2017年《没收程序规定》）第6条规定，“通过实施犯罪直接或者间接产生、获得的任何财产，应当认定为……‘违法所得’。违法所得已经部分或者全部转变、转化为其他财产的，转变、转化后的财产应当视为……‘违法所得’。来自违法所得转变、转化后的财产收益，或者来自已经与违法所得相混合财产中违法所得相应部分的收益，应当视为……‘违法所得’”。具体到非法集资案件中，应予追缴的违法所得包括直接从集资参与人处吸收的资金或转化的资产，以及犯罪嫌疑人利用吸收资金进行经营或转化所产生的收益、孳息等。

虽然从定义上看，追缴的范围似乎比较明确，但实际操作层面却困难重重。一是犯罪嫌疑人吸收的资金一般都会进行转移，资金流向往往较复杂，而且可能会和其他合法资金混同，如何准确区分其中哪些是违法所得比较困难。实践中还发生一些非法集资平台被多次易手的情况，不同案件中的资金已经交叉混同，区分起来难度极大。二是在犯罪嫌疑人将吸收的资金用于投资、经营合法产业的情况下，可能存在多次转化问题，而且转化次数越多，转化后资产的“违法所得”属性就越弱，涉及第三人合法权益、存在民事债权纠纷的可能性就越大，法律关系就越复杂，如果贸然予以查封、扣押、冻结，极易引发其他合法权益人、债权人的异议。

（二）等值财产先予“查扣冻”、追缴问题

如前所述，追赃挽损的对象是违法所得，但在大量案件中，司法机关发现行为人非法集资所得钱款已被花用或者去向难以查明，同时又发现行为人名下有等值的房产、车辆、商铺等资产，但购买资金来源无法查清。2019 年“两高两部”《关于办理黑恶势力刑事案件中财产处置若干问题的意见》（以下简称 2019 年《黑恶势力意见》）规定，“有证据证明依法应当追缴、没收的涉案财产无法找到、被他人善意取得、价值灭失或者与其他合法财产混合且不可分割的，可以追缴、没收其他等值财产”，但该规定仅明确适用于黑恶势力犯罪案件，在非法集资案件中如此操作缺乏法律支撑。如果直接对行为人与涉案非法集资数额相当的非涉案等值财产予以查封、扣押、冻结、追缴，从案件处理效果看，确实取得一定成效，但也面临一定法律风险。

（三）涉案资产处置变现问题

不同的涉案资产，处置变现的方法是不同的，也有各自面临的难题。

1. 房产、车辆、股票、基金等资产。这类财产价值受时间、市场行情波动影响较大，处置不适时可能会造成严重价值减损。虽然 2014 年“两高一部”《关于办理非法集资刑事案件适用法律若干问题的意见》（以下简称 2014 年《非法集资意见》）明确规定，“查封、扣押、冻结的易贬值及保管、养护成本较高的涉案财物，可以在诉讼终结前依照有关规定变卖、拍卖。所得价款由查封、扣押、冻结机关予以保管，待诉讼终结后一并处置”，但实践中还是经常发生部分集资参与人提出异议，认为资产提前处置时机不对，没有体现资产应有的价值，导致实际处置时，价值的公允性受到质疑。因此，侦查机关较多执行查封、扣押、冻结措施，而对资产进行提前变卖较少。

2. 商店、工厂、酒店等经营型资产。这类资产如果持续经营可以创造更多收益，有利于更好地追赃挽损，弥补集资参与人损失，但经营由谁负责或托管、如何托管以及在托管时如何保管产生的收益、孳息是实践中亟待解决的难题。

3. 投资项目等持续投入型资产。这类资产在前期要有持续性投资之后才可能有回报。比如一个项目分多轮投资，在进行第一轮投资时平台“爆雷”，中止后几轮追加投资意味着项目极有可能因资金短缺而宣告失败，前期投资血本无归，但如果持续投资，资金来源如何解决，后续项目投资造成亏损的风险由谁承担等，都是实践中棘手的问题。

4. 虚拟货币的处置问题。实践中，一些犯罪嫌疑人将违法所得用于购买虚拟货币，由于虚拟货币交易在我国是被禁止的，所以目前只能在境外平台进行交易，这也导致了侦查机关往往无法直接通过这些境外平台对虚拟货币进行查封、扣押、冻结。由于虚拟货币具有去中心化、匿名性等特点，如果犯罪嫌疑人不配合提供密钥，侦查机关就无法取得对虚拟货币的控制权。此外，即使侦查机关在犯罪嫌疑人的配合下取得了控制权，如何变现目前也没有统一的方式，有的由司法机关自行出售变现，有的由司法机关委托第三方出售变现，还有的由犯罪嫌疑人在司法机关的监督下自行出售变现。

（四）跨地区案件资产处置问题

早在2015年国务院出台的《关于进一步做好防范和处置非法集资工作的意见》（以下简称2015年《国务院意见》）第12条就规定了要依法妥善处置跨省非法集资案件，要求坚持统一指挥协调、统一办案要求、统一资产处置、分别侦查诉讼、分别落实维稳的“三统两分”工作原则，2019年“两高一部”《关于办理非法集资刑事案件若干问题的意见》（以下简称2019年《非法集资意见》）、2023年最高检《关于充分发挥检察职能作用 依法服务保障金融高质量发展的意见》（以下简称2023年《金融意见》）等文件重申了该工作原则，并对跨区域非法集资案件的具体处置方法进行了细化，但实践中并未很好地落实。一是由于办案节奏不同步，部分涉案公司的分支机构早于总部先行暴雷，或者侦办进度快于总部所在地区，导致资产处置不协调；二是在资产处置过程中，因区域司法实践不同等原因，导致资产处置意见不统一。

（五）境外资产追缴问题

在非法集资案件中，犯罪嫌疑人将资金转移到境外已成为一个突出的问题。一是目前境外追赃需要犯罪嫌疑人有效配合，而实践中一些犯罪嫌疑人宁愿自己坐牢也不肯退赃退赔。二是程序运行存在障碍。由于我国刑事诉讼法对违法所得没收程序、缺席审判程序的适用范围有严格限制，非法集资案件并不能完全适用该程序，导致境外资产追缴成果不理想。

（六）几类非法集资关联人员追缴问题

1. 一般参与者退赔责任问题。非法集资案件主犯应当以其关联的全部非法集资数额承担退赔责任，在实践中没有争议。但对于业务员等一般参与者的退赔范围，实践中存在不同的处理方式。有的地方责令业务员以自身涉及的非法集资数额为限承担连带退赔责任，如2018年上海市公检法机关共同出台的《关于办理涉众型非法集资犯罪案件的指导意见》规定，“参与非法集资犯罪的被告人（包括被追究刑事责任的业务员），应当对其犯罪行为造成的损失承担退赔责任，除应当依法追缴其获取的佣金、提成等违法所得外，还可以责令在其犯罪行为造成的损失范围内承担退赔责任”。有的地方则以行为人违法所得作为退赔标准。如在王某某、刘某某非法吸收公众存款一案[①]中，法院经再审认定刘某某作为宁夏某某资产管理有限公司的业务经理，明知王某某利用注册的公司非法吸收公众存款，仍利用自身职务通过管理员工业务的方式，协助王某某非法吸收资金，行为已构成非法吸收公众存款罪，但认为对刘某某追缴或者退赔财物的范围应以其实际违法所得为限，并据此撤销了原审判决中责令被告人刘某某继续退赔相关集资参与人的经济损失的判项。此外，对于违法所得的范围，实践中又存在不同认识，特别是对于业务员的工资是否属于违法所得问题，司法实践中有不同做法。无论是2014年《非法集资意见》，还是2021年国务院《防范和处置非法集资条例》（以下简称2021年《国务院条例》），都没有明确将工资作为追缴或者清退的范围，实践中有个别地方要求行为人退出工资。

2. 恶意“逃废债”人员追缴问题。非法集资平台吸收的资金很多会通过平台放贷给借款人。平台“爆雷”后，平台实控人因涉嫌非法集资犯罪被查处，未能及时或无法催收借款，部分借款人因此故意拖欠债务，即所谓“逃废债”。[②]虽然借款人的债务不会因为债权人被查处而自动消除，但由什么样的主体进行催收，办案机关能否对该部分借款人的相应财产执行“查扣冻”措施存在争议。

3. 获利退场集资参与人追缴问题。虽然2014年《非法集资意见》已经规定，以吸收的资金向集资参与人支付的利息、分红等回报应当依法追缴，但由于非法集资案件的集资参与人分布广泛，人数众多，

① 王某某、刘某某非法吸收公众存款案，宁夏回族自治区中卫市沙坡头区人民法院（2021）宁0502刑再2号。

② 周子简、王冠、蒋洁、谭骁、蒋凡：《追赃挽损在防范化解金融风险中的作用与途径：以上海地区检察工作实践为视角》，载《犯罪研究》2021年第3期。

获利时间已久，主动配合追缴意愿低，司法机关囿于这类集资参与人并非犯罪嫌疑人，即使不配合也难以采取有力的强制手段，追缴工作难以开展，所以实践中很少会向获利集资参与人追缴。

二、完善追赃挽损机制的路径分析

（一）建立多力量整合的资产追踪、处置工作机构

涉众型非法集资案件的追赃挽损工作是一个极其复杂的系统性工程，光靠司法机关难以有效推动落实。因此，各地根据实际情况，积极探索新的工作机制，形成了一些有益的实践经验。有的地方对辖区内行政机关、司法机关、金融机构的资源进行整合，有的地方引入社会力量开展追赃挽损工作。以杭州市余杭区为例，早在2020年初，针对辖区内非法集资案件频发，追赃挽损、信访工作压力大的双重困境，余杭区委、区政府组织协调网贷处置办、政法委、公检法机关以及律师事务所、会计师事务所、专业催收团队相关人员共100余人，组建大专班。各部门、机构同向发力，运用各自的追赃手段进行资产追踪，并实时进行信息互通，打破信息壁垒，分工协作配合推进追赃挽损工作。为保证高效运作，所有专班人员全脱产进驻，进行实体化联合办公，极大提高了追赃挽损工作效率。

虽然建立资产追踪、处置工作机构的做法取得了一定的成效，但在实践中也面临处置机构临时、地位不明、权责不明、经费来源不清等问题，有必要统一认识，并尽快以法律文件的形式予以明确、固定。一是将资产追踪、处置工作机构长期化、固定化，并明确其合法地位。目前的专班模式从名称看就天然带有临时属性，都是针对特定案件所设立，在案件结束后即宣告解散，如有新的非法集资案件，需要重新组建新的专班，手续烦琐，沟通、协调成本高，可以考虑设立专门的

资产追踪、处置工作办公室，统一负责辖区内所有涉众型经济犯罪案件的追赃挽损工作，考虑到机构整合力量的多样性，可以考虑由党委牵头该机构工作。此外，应尽快以法律规定的形式赋予机构适格法律地位，确保工作开展有法可依。二是细化机构职能权限。目前已有多地成立资产追踪、处置机构，但在参与部门、人员方面不尽相同，在财产保全、资产处置、对外协调等方面配备的处置权限也各有差异，有必要统一职权配置，促进机构规范化运行。三是明确机构经费来源。实践中，哪些处置费用由机构支出，机构支出的经费由谁拨付，各地做法不一，建议资产追踪、处置机构经费由政府财政预算拨付，并明确为盘活、经营涉案资产和对涉案资产价值进行评估、鉴定等产生的必要费用由机构支出。

（二）明确引入等值财产先予“查扣冻”、追缴制度

从实际办案来看，如果机械执行只能查封、扣押、冻结涉案财产的规定，等到刑事案件判决生效进入执行环节，行为人极有可能早已转走名下其他财产，导致没有财产可供执行，影响追赃效果。因此，可以考虑参考2019年《黑恶势力意见》的规定，明确规定对非法集资人员的非涉案等值财产予以查封、扣押、冻结以及依法追缴，并对财产的范围、类别、应当收集的证据、收集程序、财产处置原则等作出细化规定，确保司法机关追赃挽损有法可依。

（三）探索运用类破产清算制度

1. 刑民并重，用好类破产清算制度。以往法院在办理涉及非法集资案件犯罪嫌疑人的民事债权纠纷诉讼时，如果了解到当事人关联刑事案件，会按照“先刑后民”的司法工作原则，中止审理民事案件，等待刑事案件审理终结。而非法集资刑事诉讼程序往往需要持续较长一段时间，涉案资产处置工作周期也会相应拉长，追赃挽损工作一旦

延误，会引起集资参与人不满继而引发信访问题。因此，在办理非法集资刑事案件的同时，应继续开展关联的民事诉讼。一方面，对于非法集资公司已向债务人提起的民事诉讼或开展的债务催收工作，可由原诉讼、催收团队继续开展，但应加强监管，防止回收资金被非法侵吞、转移；另一方面，引导涉案公司申请进入破产程序，并从破产管理人名册中引入律师事务所、会计师事务所等社会中介机构担任资产管理人，或引入多元化专业人士组成资产管理团队，协助司法机关做好涉案财物的分类、清理、经营管理工作。[①] 以杭州市余杭区人民检察院办理的某集团非法集资案件为例。该集团投资的一项旅游度假酒店项目因"爆雷"导致项目整体停工，若不继续投资，将无法直接处置。如果适用司法拍卖程序，由于项目的特殊性，拍卖价格极低甚至流拍的可能性非常高。此外，该项目还存在老股东遗留问题及其他不确定债务，不具备直接市场化运作条件。资产处置机构经过评估，决定通过类破产程序引入投资人的方式盘活项目，取得良好成效。此外，资产处置机构还以类破产程序处置大量到期债权，挽回大量损失。

2. 以类破产清算制度为依托，做好各类资产处置工作。一是资产处置时应认真进行市场调研，充分听取专业资产管理团队意见，最大限度实现涉案资产保值增值。二是稳妥做好虚拟货币处置工作。现阶段可以采取司法机关监督下由行为人自行出售虚拟货币变现等便宜措施，未来可以考虑探索并最终建立全国统一的虚拟货币变现管理平台，由各地司法机关将变现需求统一汇总到管理平台，由管理平台集中通过境外可控虚拟货币交易的方式进行变现，再最终回流至司法机关指定国内账户，从而实现虚拟货币合规合法处置。三是提前处置财产时，

① 上海市第一中级人民法院课题组：《刑事案件涉案财物处置问题研究》，载《人民法院报》2024 年 1 月 18 日。

应加强和集资参与人沟通，充分释法说理，听取集资参与人意见，争取集资参与人支持和理解，并将资产处置情况及时告知集资参与人，最大限度维护集资参与人合法权益。

（四）严格落实跨地区案件涉案财物统一处置

一是严格按照2015年《国务院意见》、2019年《非法集资意见》、2023年《金融意见》等文件精神，落实跨区域非法集资案件“三统两分”工作机制，严格执行跨区域涉案资产处置的相关原则，压实主办地办案处置责任，落实分办地配合协调责任，有效解决区域化争议问题。二是利用互联网进一步拓宽工作范围，在公安部开通的“非法集资案件投资人信息登记平台”的基础上，加大申报力度，开通“非法集资案件涉案财物信息登记平台”。各办案部门在办理案件过程中，要注重对涉案财物的登记、处置，并将相关情况进行共享，如检察机关统一业务系统中的协同互联等，最大限度地搜集涉案财产信息，保护公民的合法权益。①

（五）强化涉外资产追缴力度

一是加强对犯罪嫌疑人及其亲属的司法政策教育，引导其积极配合司法机关进行境外资产梳理、确认、变现。二是完善我国刑事诉讼法中的违法所得没收程序、缺席审判程序，将金融诈骗犯罪、破坏金融管理秩序犯罪等可能涉及大宗违法犯罪资金的经济类犯罪纳入以上程序的适用范围。三是加强为非法集资行为洗钱的打击力度，健全涉外资产处置机制，加强涉外法治人才培养，强化境外司法协助。

（六）统一各类非法集资关联人员追缴标准

1. 一般参与者以违法所得为限承担退赔责任。普通业务员等一般

---

① 朱祖洋、单正来、吴红梅：《网络非法集资犯罪追赃挽损若干难点初探——以A市人民检察院审查起诉为视角》，载《北外法学》2021年第2期。

参与者与非法集资人等主犯之间系共同犯罪，根据一般共犯理论，理应共同对非法集资款承担责任，但业务员毕竟未实际支配集资款，虽然也从集资款中获取提成，但比例一般较低，基于宽严相济刑事政策，对一般参与者仅以其违法所得为限承担退赔责任具有现实合理性，也符合人数众多的共同犯罪分层打击处理原则的要求。此外，虽然工资也属于一般参与者帮助实施非法集资行为的报酬，但同时具有劳务所得的属性，在追缴时需要考虑为一般参与者保留生活必需的合理费用。具体操作时，可以考虑仅追缴一般参与者超出当地最低薪资标准的工资部分。

2. 多措并举强化“逃废债”催收工作。一是督促非法集资公司原法务团队、破产管理人、资产处置机构委托的律师等人员及时通过诉讼等民事手段向“逃废债”人员追缴对外债权，防止债权因超过诉讼时效而不受法律保护。二是充分运用失信惩戒措施。针对拒不履行还款义务的“逃废债”人员，可采取纳入失信人员名单、限制高消费等手段。

3. 稳妥有序开展获利退场集资参与人追缴工作。实践中也已有部分地区开展集资参与人获利部分追缴工作。如 2021 年山东省济南市公安局历下区分局发布情况通告，要求在某非法吸收公众存款案件中，所有获利出局人员退还超出本金部分的盈利，否则公安机关将依法对其财产和账户予以查封冻结，并对拒不还款退款的个人依法追究法律责任；又如 2023 年湖南省永州地区向某非法集资案中的集资参与人发出《责令限期改正通知书》，要求退出违法所得，否则将给予警告、罚款等行政处罚。开展获利退场集资参与人追缴工作，不仅是促进追赃挽损有效开展的重要手段，也是严格落实法律规定，全面开展追赃挽损工作的必然要求。司法机关应认真研究法律规定，细致梳理惩戒措施，确保对拒不退出非法获利的集资参与人予以惩处有充分的法律依据。同时，要充分了解集资参与人的资产状况，根据实际情况稳妥开展追缴工作，防止因机械执法引发新的社会问题。

三、追赃挽损工作中的检察履职思考

追赃挽损工作贯穿涉众型非法集资刑事案件办案始终，检察机关的职能定位决定了检察履职也必须贯穿办案始终。因此，检察机关开展追赃挽损工作应做到全流程，体现高质效。

（一）提前介入，解决资产追踪痛点

1. 关口前移，积极引导公安机关做好资产追踪工作。涉众型非法集资案件往往不是突然案发的，一般都会经历行政监管预警、行政协调退出、刑事立案打击的流变过程，根据案件的不同情况，这个过程会持续一年甚至数年之久，这就要求追赃挽损工作要随着风险处置工作同步展开。检察机关可在公安机关立案之初甚至立案之前的初查阶段就提前介入，在对案件定性给出意见的同时，也要为涉案资产追踪、资产属性界定提供帮助，引导侦查机关深入挖掘和细致查证涉案公司、人员财产情况、赃款赃物流向等相关财产线索，并依法及时采取查封、扣押、冻结措施，防止涉案资产流失或被恶意转移。

2. 依托数字检察，赋能资产追踪工作。一是依托云计算应对非法集资案件涉案资金交易数据溢出困境。可联合公安机关等有关部门共同设计研发资金穿透分析系统，通过导入外部足量算力，以“硬破解”方式还原资金盘脉络，为追赃挽损工作提供技术支撑。二是借助人工智能构建数字监督模型，发现散落在“隐秘的角落”的资产线索。以资产追踪、处置工作机构成立为契机，实现国土、工商、银行等部门、机构数据破壁，由生成式 AI 助力完善资产数据关联研判模型，对海量

资产线索进行“侧写”，起底还原隐藏资产的涉案原像。

（二）依法履职，体现检察担当

1. 用足用好刑事诉讼制度的规定。一是充分发挥认罪认罚从宽制度在追赃挽损工作中的作用。要向犯罪嫌疑人充分释法说理，明确退赃退赔是认罚的重要考量因素，通过以是否退赃退赔为标准给出不同量刑建议的方式将退赃退赔带来的刑罚减让直观化、具象化，提高行为人退赃退赔的积极性。二是充分发挥非羁押强制措施等手段提升追赃挽损工作质效。以杭州市余杭区人民检察院办理的某非法集资案件为例。该案立案时涉及未退资金达 10 亿余元，集资参与人数达 10 余万人。检察机关积极开展对犯罪嫌疑人的思想教育工作，并根据办案需要对在案的全部犯罪嫌疑人变更强制措施，督促犯罪嫌疑人筹措资金退出违法所得，并积极配合有关部门做好资产追踪及财产处置工作，最终实现追赃挽损率 100%。

2. 以人民为中心稳妥做好信访处置工作。一是建立定期沟通对话机制。一方面，要重视集资参与人提供的资产追踪线索，对相关线索进行调查，并及时反馈调查结果；另一方面，要向集资参与人通报案件处理进展尤其是追赃挽损工作进展，保障集资参与人知情权，缓解集资参与人焦虑情绪。二是视情邀请集资参与人代表参与资产处置具体工作。在运用类破产程序处置，尤其是提前处置涉案资产的情况下，可以考虑组织集资参与人推选出责任心强、文化程度较高、具有良好沟通表达能力、行为理性的代表共同参与，保证处置过程公开、公正、公平。此外，还可以考虑尝试探索财产处置公开听证制度。三是开展司法救助、优先返还工作。针对投资遭受重大损失，基本生活、看病等需求得不到有效保障因而信访的集资参与人，要充分运用司法救助政策，及时引导集资参与人申请救助资金，帮助渡过难关。此外，可以与集资参与人代表共同协商，尝试对这类集资参与人在必要限度内优先返还本金。

（三）充分履职，做好资产权属证明工作

1. 积极适应涉案财物庭审专门化的新趋势。以往我国审判程序主要针对的是与案件有关的定罪量刑事实的审查，涉案财物作为定罪量刑的证据，一般和其他证据一起在举证质证环节予以展示，不会安排专门的庭审环节。但随着涉众型非法集资案件等重大经济犯罪案件不断涌现，涉案财物庞大的证据体量以及各方当事人对涉案财物权属、处置存在的尖锐矛盾促使法院开始尝试刑事“对物之诉”审理程序。目前，实践中较为成熟的做法是构建相对独立的涉案财物处置诉讼化审查程序，将法庭调查划分为两个环节，在完成案件事实法庭调查之后，就涉案财物事实单独调查，两个环节独立示证、质证，前后相继，在法庭调查结束后，控辩双方在法庭辩论环节集中就全案定罪量刑、涉案财物处置等问题发表意见。①

2. 结合实际确定涉案财物刑事证明标准。刑事案件的证明标准是“排除一切合理怀疑”，民事案件的证明标准是优势证据原则。刑事案件涉案财物证明作为刑事案件办理的一个环节，适用刑事案件证明标准似乎顺理成章，但考虑到非法集资案件的具体情况，采取优势证据标准更有利于办案实际。一是有相关法律规定可供借鉴。如2017年《没收程序规定》第17条规定，申请没收的财产具有高度可能属于违法所得及其他涉案财产的，应当认定为申请没收的财产属于违法所得及其他涉案财产。又如2022年施行的《反有组织犯罪法》第45条第3款规定，“被告人实施黑社会性质组织犯罪的定罪量刑事实已经查清，

① 吴菊萍、黄翀、吉静雯：《以刑事涉案财物诉讼化审查推进追赃挽损》，载《中国检察官》2024年第12期。

有证据证明其在犯罪期间获得的财产高度可能属于黑社会性质组织犯罪的违法所得及其孳息、收益，被告人不能说明财产合法来源的，应当依法予以追缴、没收”。二是追赃挽损的现实需要。如果按照“排除一切合理怀疑”的证明标准，涉案财产权属判断周期会被拉长，一些本有采取“查扣冻”条件的涉案财物可能因未及时采取措施而被恶意转移，造成不利后果。

3. 强化涉案财物检察职能。一是检察机关要引导公安机关第一时间做好证明涉案财物权属关系的证据收集工作，同时规范证据收集程序，确保证据收集合法性。二是检察机关在提起公诉时应对涉案财物进行系统梳理，制作详细、全面的涉案财物清单、处置情况报告，列明涉案财物的数量、种类、价值等要素，写明处置、兑付等情况，提升庭审效率，方便后续案件的执行。三是检察人员要加强民商事法律知识学习，切实履行涉案财物处置环节法庭讯问、举证质证、法庭辩论等全流程公诉职责。

Yuwai Fazhi

域外法制

欧盟保护货币打击伪造情况考察

王　拓　李　程*

经最高检领导批准，由4名同志①组成的最高人民检察院代表团，与中国人民银行、公安部、海关总署、最高人民法院代表团一道，于2024年9月16日至19日赴比利时布鲁塞尔、荷兰海牙参加了“中欧保护货币打击伪造第三次平台会议”。此系中国检察机关首次受邀参加中欧保护货币打击伪造平台会议，代表团成员就中国检察机关打击假币犯罪相关情况作了主旨演讲，并同欧盟委员会保护货币打击伪造相关成员单位进行了深入交流，参访了欧洲警察署，了解了欧盟打击假币犯罪的工作机制和最新动态，达到了参会的预期效果。

一、会议背景及基本情况

自2002年1月1日，欧元纸币和硬币发行以来，欧盟十分重视保护欧元和打击假币犯罪工作。为加强货币防伪、反假币方面的国际交流与合作，欧盟委员会推出“伯里克利·四（Pericles IV）”项目计划，由相关机构定期组织研讨会等交流活动，推动合力打击伪造假币工作。项目下设有“中欧保护货币打击伪造平台会议机制”，会议每两年举办一次，由中欧双方轮流主持召开，中方责任机构是国务院反假币货

* 王拓，最高人民检察院经济犯罪检察厅一级高级检察官助理；李程，四川省人民检察院第四检察部三级高级检察官。

① 另外两位同志为江苏省人民检察院第四检察部主任孙勇、广西壮族自治区人民检察院第四检察部主任方雷。

币工作联席会议办公室（设在人民银行货币金银局），最高检系联席会议成员单位之一。

中欧保护货币打击伪造平台会议机制第 1 次平台会议于 2017 年在比利时布鲁塞尔召开，第 2 次会议于 2019 年在北京召开，第 3 次会议因疫情原因一直推迟至今。与前两次平台会议仅邀请个别成员单位参会的情况不同，此次欧盟委员会邀请中国最高法、最高检、公安部、人民银行、海关总署 5 家单位 22 人参会，体现了欧盟对打击伪造货币工作的日益重视。欧方参会 26 人，来自欧盟委员会保护货币及欧元硬币部、欧洲中央银行、欧洲硬币小组委员会、欧洲刑警组织、欧洲检察官组织，还有来自法国、德国、西班牙等 9 个成员国的反假币相关工作人员。

二、欧元流通情况以及参与保护货币、打击伪造的欧盟主要机构

（一）欧元货币体系与欧元流通情况

在欧元区内，欧元作为官方货币被广泛接受和使用。目前，欧元区内有 20 个成员国、约 3.47 亿人在使用欧元，欧元区外有 60 个国家和地区的金融资产直接或间接与欧元挂钩，欧元在全球支付中具有重要占比。欧元发行体系主要由欧洲央行和 20 个成员国的中央银行组成。2013 年至 2019 年，欧洲央行先后推出了两个系列的欧元纸币，欧元流通迅速，流通金额从 2008 年的 600 亿欧元发展到 2024 年的 15500 亿欧元。

近年来，欧洲央行发现并没收伪造纸币数量呈现上升趋势。据欧洲警察署提供的数据，假纸币数量已从 2013 年的 2.2 万张上升至 2021 年的 10 万张。自 2022 年 3 月以来，20 欧元、50 欧元假币各占市场上全部假币的 35%—45%，10 欧元、100 欧元的假币也分别占全部假币

的 5%—10%。假硬币方面，面值 2 欧元的假硬币[①]在所有假硬币数量中占最大比例，已从 2011 年的 61% 上涨到 2023 年的 92%。目前看来，2024 年的 2 欧元假币数量还会上升。上述伪造假纸币和假硬币的情况已严重影响了欧洲货币安全。

（二）参与保护货币、打击伪造的欧盟主要机构

1. 欧盟委员会（EC）

欧盟委员会高度重视反假币打击伪造工作，采取预防犯罪、打击犯罪、开展培训、推动合作等四个方面的措施。具体而言，欧盟委员会负责制定保护欧元和打击货币伪造的政策，促进各成员国加强立法，建立欧元硬币体系；组建欧洲技术和科学中心（ETSC），收集信息、分析数据，研究货币防伪技术，管理、协调防伪专家，为成员国提供技术援助，提高假币鉴别能力和假币堵截能力；传递犯罪情报和线索给欧洲警察署，通过刑事手段打击犯罪；根据伯里克利项目计划，与欧洲警察署、欧洲央行密切合作，积极开展反假币培训。欧盟委员会负责组织协调欧洲中央银行及各成员国央行、欧洲刑警与国际刑警及各个国家执法机构开展联合调查，打击假欧元犯罪。

长期以来，欧盟委员会已建立了一套打击伪造欧元纸币和硬币犯罪行为的法律框架，并不断修正完善。2001 年 6 月 28 日，欧盟第 1338/2001 号理事会条例（EC）规定了伪造货币的定义，并规定了保护欧元反伪造的必要措施，要求金融机构作出反假币承诺以及各成员国积极开展国内外打击假币犯罪行动等。2004 年 12 月，欧盟第 2182/2004 号理事会条例规定了对欧元硬币进行保护的措施。2010 年 9 月 16 日，欧洲中央银行发布了《关于欧元纸币真实性和适用性检查以

① 2 欧元硬币比较特殊，正面图案是欧盟统一图案，背面则由各成员国自行设计图案。

及再循环》（ECB/2010/14号），致力于确保流通中的欧元纸币的完整性和保存，并向金融信贷机构和其他专业现金处理人员建议，遵守有关处理欧元纸币的尽职调查标准，助力保持流通中欧元纸币的质量和真实性。欧盟立法者十分关注刑事犯罪和刑罚制裁，2014年，欧盟议会和欧盟理事会通过2014/62/EU条例，即《关于通过刑法保护欧元及其他货币免遭伪造并取代第2000/383/JHA号框架决定》，要求各成员国应采取必要措施，确保故意实施的伪造假币等行为被认定为刑事犯罪予以严厉惩处，并规定2016年5月23日是欧盟成员国将本条例条款纳入本国法律的最后期限。

2. 欧洲央行（ECB）

为了适应欧元发行和流通，欧盟各成员国的中央银行联合筹备成立了欧洲中央银行，旨在重点保护欧元区金融安全和货币稳定。欧洲央行设立了欧洲假币分析中心（CAC），主要对假币印刷和复制技术进行跟踪监测，帮助警方对收缴的假欧元进行分析；对现金管理员、警察部队以及司法当局进行培训，提高其纸币鉴定能力和假币监测技术；开展与假币有关的技术课题研究，测试新防伪技术的安全特性。欧洲央行还建立了管理假币监测系统（CMS），用于监测伪造技术的发展趋势，向成员国提供整个欧洲有关伪造货币的数据信息，并向执法机关提供有关假币特征、流通时间、生产场所等相关信息帮助执法调查。此外，为打击伪造的假硬币，专门成立了硬币国家分析中心（CNAC）、假币专家小组（CCEG），对假币进行分析与分类，定期开展交流，相互协调行动。欧元体系内部各成员国反假合作比较紧密，各成员国以及那些尚未引入欧元作为通用货币的国家都在其国内央行或者警察局下面都成立了一个国家监测中心（NAC），专门用于反假币。各成员国NAC负责处理境内发现的假币，并与警察局密切合作开展调查，且 NAC 假币管理系统与欧洲央行的假币监控系统联网，实现假币最新情况、假币案件信息的通报与交换。

3. 欧洲硬币小组委员会（ECSC）

ECSC 是设在欧洲经济与金融委员会的一个下属机构，该机构类似于一个中心平台，具有评估、监测、咨询三个方面的职能。ECSC 负责进行市场流通监测，观察并评估硬币在不同领域的使用价值以及公众对硬币的使用频率、依赖程度，分析市场中流通的硬币数量和分布情况。与金融机构、零售商等建立数据收集机制，了解不同面额尤其是 1 欧元、2 欧元硬币在各个地方的保有量，对决策机构提出有用的意见建议。在欧盟决定是否引入新的面额硬币时，ECSC 也会提出咨询意见，并协助欧盟应对可能出现的欧元货币信任危机。参与反假币打击伪造是 ECSC 的重要工作内容之一，ECSC 建立了对假币发现渠道的监测体系，包括在银行柜台、自动售贩机、零售商业交易等场景下假币出现的频次和特征，分析假币生产工艺、来源以及可能的传播途径，广泛分享信息并探讨存在的结构性问题，从而向欧洲金融委员会提出有关打击假币的立法建议。

4. 欧洲刑警组织（Europol）

欧洲刑警组织又称欧洲警察署，其任务是支持欧盟成员国预防和打击一切形式的严重国际和有组织犯罪、网络犯罪和恐怖主义。《严重和有组织犯罪威胁评估》（SOCTA）是欧洲警察署的旗舰报告，该报告向欧洲执法机构和决策者通报欧盟严重和有组织犯罪的发展情况，为警署决定优先事项提供参考。根据该评估报告，2021 年欧盟通过了 2022—2025 年打击严重和有组织犯罪的优先事项，包括高风险犯罪网络、网络攻击、贩卖人口、偷运移民、毒品贩运以及欺诈、经济和金融犯罪等 10 类犯罪，这决定了在 2022—2025 年的四年时间周期内的欧洲司法机关打击犯罪的优先事项，并将各成员国执法机构、欧洲警察署和广泛的合作伙伴聚集在一起，合力打击犯罪。

5. 欧洲检察官组织（Eurojust）

欧洲检察官组织的成立基础可以追溯到 2007 年的《里斯本协议》（Treaty of Lisbon，该条约推动了欧盟组织机构设立和运营机制的一体化进程），2018 年欧盟委员会 2018/1727 号条例具体规定了它的职能。本质上，欧洲检察官组织是一个服务性机构，24 小时随时待命。欧盟 27 个成员国每个国家的司法体系和证据规则都不同，相互之间存在司法管辖权冲突、信息共享不畅、调查和起诉协作困难等问题。为了加强欧盟成员国之间在刑事司法领域的合作，提高打击跨国犯罪的质效，欧洲检察官组织应运而生。该组织在成员国司法机关之间充当协调者角色，在侦查、采取强制措施、起诉、审判四个阶段，依据欧盟法律和司法规则，确定最合适的管辖权归属，支持成员国开展关于执行欧盟逮捕令、冻结与扣押令、欧盟调查令方面的合作或统一行动，确保案件能够得以顺利调查和起诉。同时，欧洲检察官组织还有一个重要职能是建立信息共享与情报交流机制，成员国司法机关可以在这个平台上交换与跨国犯罪有关的信息和情报，比如犯罪嫌疑人身份信息、犯罪组织结构、犯罪活动特征等。欧洲检察官组织也会对收集的信息进行分析、整合，为成员国提供有价值的情报，比如分析洗钱犯罪的作案手法、资金转移路线等，为成员国制定打击跨国刑事犯罪提供依据。

三、比利时会议上中欧双方讨论焦点问题

在比利时的两天会议期间，欧方代表分享的两组案例引起了大家的浓厚兴趣，中欧双方主要围绕两个问题展开了热烈讨论。

（一）提供用于伪造货币的工具、机器等原材料是否构成犯罪

西班牙警察总署警司 Javier 先生介绍了在西班牙和希腊发生的高仿真 2E92 类欧元假币案例。他表示，欧洲警方将查获的假硬币进行分类，其中一类假币的代号是“2E92”，“2”代表 2 欧元，“E92”是根据假币的生产材质、外观效果以及瑕疵缺陷给这类假币确定的编号。2E92 类假币在面值 2 欧元假币数量中的占比自 2018 年开始逐年增长，2022 年、2023 年均达到 34% 左右。2019 年 6 月和 2021 年 5 月，西班牙警方在位于马德里附近的 Fuenabrada 工业区（欧洲华人在西班牙的进出口商贸区之一）的一间仓库、巴塞罗那的一间出租厂房内，均查获了大量用于造假的原材料、文件和机器、假币模具以及假硬币成品、半成品。两处犯罪现场查获的假硬币都呈现出与 2E92 类假币十分相似的特征。在犯罪现场抓获的 3 名犯罪嫌疑人持有中国护照（1 本真护照、2 本假护照）。后来，警方又成功捣毁了位于西班牙比利亚喀纳斯小镇上的假硬币制造仓库。虽然上述案件尚未侦查终结，但欧洲警方成功捣毁了过去 10 年以来欧洲最大的假币制造工厂。欧洲警察还发现，2022 年在希腊制假仓库查获的 60 万枚假硬币与西班牙案也具有关联性，类别均属于 2E92 类，且假币模具与西班牙警方在巴塞罗那扣押的模具是同一款。希腊海关查获的生产工具的外包装纸箱还显示，这些物品是从中国一家贸易公司发给位于希腊雅典的一家电脑公司的，海关申报类别是一般贸易货物。该案中的两名中国犯罪嫌疑人以及向其购买假币的人均一并被送上法庭接受审判。

欧方参会代表认为，由于欧元的高度国际化，它仍会吸引犯罪分子继续伪造。部分犯罪团伙的作案模式是，在中国网站上下单订购液压机、冲压机、滚压机等生产工具和纸张、油墨等原材料，经国际运输到达欧洲后，使用这些原料伪造 2E92 类假币。因此，中方应对中

国境内生产原料、生产工具的供应方予以严厉的刑事犯罪打击。欧方希望双方能进一步加强密切合作，以有效打击犯罪。

中方参会代表基本形成一致意见，认为对于中国境内的公司向境外他人销售生产机器是否构成犯罪的问题，需要依据罪刑法定原则，结合在案证据进行判断。液压机、冲压机、滚压机等机器在中国属于一般普通生产工具，可以用来制造硬币，也可以用来制造其他金属零件甚至金属工艺品，至于油墨、纸张等物品的存在和使用范围更是非常普遍。在中国境内，生产、销售、存储、使用这些物品是合法的，除非这些物品本身涉嫌假冒伪劣而构成假冒伪劣产品犯罪，或者有足够证据证明行为人明知他人在欧洲制造假币而为其提供上述工具、材料构成伪造货币共同犯罪的，否则难以认定其系非法物品而直接予以扣押、收缴。因此，当这些机器作为一般贸易货物出口报关时，亦无法将其界定为走私犯罪工具而予以阻拦。但我们会对欧方提出的问题和伪造假币的犯罪行为模式高度重视，愿意采取合理措施加强监管，并建议欧盟要求各成员国进一步加强海关稽查执法活动。

（二）生产“影视币”“道具币”是否构成伪造货币罪

德国联邦刑事警察局 Christian Grieninger 先生、欧洲央行的 Martin Mund 先生分享关于“影视币”“道具币”的案例。2019 年 3 月开始，欧盟各地大量涌入欧元假钞，特别是“影视币”“道具币”等，网上也出现买卖此类仿制货币，其形状、纸张、颜色、尺寸与真钞进行 1∶1 还原复刻，而生产商只在仿制钞票的正面或背面某个不起眼的地方标注很小的免责声明，声称该钞票仅用于电影或道具上。这种免责标注不断更新换代，改变位置和大小，以达到混淆公众的目的。伪造者在被抓获后常常利用假币上的免责声明作为逃避指控的理由，他们狡辩其行为只是为了拍电影而仿造钞票，而不是用来搞欺诈的。在欧盟，这类仿制纸币已占市场流通领域中假纸币总数的1/3。在过去5年时间里，执法机构每个月能在市场流通中扣缴至少5000张“影视币”“道具币”。截至2024年8月，在流通环节扣押了累计506000张“影视币”“道具币”，累计假钞面额达到980万欧元。除200欧元面值外，其他面额都有仿制的“影视币”“道具币”，最开始一个普遍使用的序列号PB1616888888，但现在，犯罪分子们越来越狡猾，他们不断更新序列号，不断增大执法机构的调查难度。欧方表示，根据成员国已开展的系列专项活动和调查数据分析可以证实，在网站上能轻松购买到标注了欧元面值的“影视币”“道具币”，以及一些用于伪造纸币的零部件，并在运输包装上假以其他一般物品的名义进入欧洲。这种全新的网络销售方式使仿制的电影道具币实质上进入了一种在线分发状态，其快速、隐蔽的特点也加大了执法机关的侦查难度，对欧洲货币信用体系构成极大威胁。

欧方参会人员认为，根据2014/62/EU条例第3条第1款的规定，即使不是有意将假货币作为真货币进行流通，制造假币行为本身也被视为欺诈行为。因为它们很容易被误认为是真货币，所以，制造假币行为本身已经危及货币安全。2014/62/EU条例第3条第1款并未明确要求行为人必须具有将伪造的货币投入流通的主观意图。因此，像这种1∶1还原复制的“影视币”“道具币”就是假币，生产此类假币行为构成伪造货币犯罪。Grieninger先生分享了一个法国案例。2024年6月，法国海关查扣了两批运往法国的货物，货物箱内装有伪造的欧元钞票，两批货物的收货人都是一名26岁的年轻人。他声称自己订购了1000欧元的道具币，并打算在TikTok上做一个视频剪辑。法国法官认为，因无法认定嫌疑人具有将假币投入流通领域进行使用的主观目的，故不能认定其构成持有假币罪，最后仅以侵犯著作权处罚该年轻人500欧元。

中方参会代表经充分讨论后认为，对于生产“影视币”“道具币”是否构成伪造货币罪的问题，在中国不能一概而论。按照《人民币管理条例》的相关规定，如果电影制作方在生产电影道具之前，向中国人民银行或当地支行申请人民币图样使用审批备案，并获得批准，那么按照批准的要求和范围生产道具币是合法的。如果未经审批擅自生产电影道具币或者超出审批范围生产制造，即使道具币上印有“道具币”“禁止流通”等字样，也不能免除其违法性，可能处以行政处罚。至于能否构成犯罪，要坚持罪刑法定原则和证据裁判原则来处理，离开具体案件笼统地谈法律并不科学。总的说来，只有具有严重社会危害性，在主客观相一致的情况下，才有可能成立伪造货币罪。

在提问环节，中国检察机关代表就欧方提到的法国案件的处理情况以及认定假币犯罪的主观构成要件进行了追问。Grieninger先生解释说，法国、德国刑法的确仍然要求犯罪嫌疑人具有“在流通领域使用假币的主观意图”才能认定其构成相关假币犯罪，因此该案的最终处理结果是，依据知识产权法相关规定对被告人进行处罚，但欧盟的其他国家（如荷兰）不对主观意图作此强行要求。我们分析认为，欧盟2014/62/EU条例中要求所有成员国将该条例条款在2016年5月23日前纳入各国法律并未得到完全绝对的执行。

四、考察欧洲警察署相关情况

中方代表团参访了位于荷兰海牙的欧洲警察署，并与欧方相关人员开展座谈。欧洲警察署与中国司法机关类似，每个月都会安排几天作为对外开放日。对于外来人员，欧洲警察署审查严格，经过严格安保检查并登记护照后方可进入，且不允许携带任何电子产品。参访当天有不少团组也在座谈，欧洲警察署对此做了统一安排和协调。

欧洲警察署官员 Alexander Resch 先生对中方代表团表示欢迎，介绍欧洲警察署的基本职能和相关工作。欧洲警察署下设五个部门，其中一个是欧洲金融与经济犯罪中心（EFECC），专门负责预防和打击腐败、消费税欺诈、增值税欺诈、洗钱、伪造货币、知识产权犯罪以及进行资产追回。EFECC 的负责人强调，“金融和经济犯罪是执法部门最紧迫的关切之一，我们密切与这一领域的专家合作，并利用现有最佳技术来支持国际金融犯罪调查和犯罪资产的追回”。

欧洲检察官组织 Jelena Smirnova 女士介绍了欧洲检察官组织基本架构，打击假币犯罪情况以及对外交流情况。2023 年，欧洲检察官组织共立案各类跨国刑事犯罪案件超过 13000 件，比 2022 年新增 14%。但办理的涉假币刑事案件数量呈现总体下降趋势，2020 年至 2024 年 5 月 31 日，欧盟成员国办理假币犯罪 51 件，非欧盟成员国办理 6 件。在此期间，欧盟检察官组织就办理涉假币犯罪案件主要发出欧盟调查令 23 项、欧盟逮捕令 13 项、司法协助请求 12 项以及其他司法合作建议 9 项。她还介绍了有关派遣联络检察官的情况。来自欧盟以外国家的联络检察官被派驻到欧洲检察官组织，他们与成员国的同事们并肩工作，为涉及他们本国的跨境调查提供支持。目前，欧洲检察官组织已与阿尔巴尼亚、格鲁吉亚、冰岛、摩尔多瓦、黑山、北马其顿、挪威、塞尔维亚、瑞士、乌克兰、英国以及美国等 13 个非欧盟国家签署了合作协定，合作内容包括证据交换和信息分享（不涉及个人隐私数据）。截至目前，上述非欧盟国家共借调了 12 名联络检察官到欧洲检察官组织开展联络工作。欧洲检察官组织与中国也有合作，最高人民检察院国际合作局、中国驻荷兰大使馆警务联络官办公室积极作为，向欧洲检察官组织提供支持或寻求帮助，确保了双方的有效沟通。

在提问阶段，中国检察机关代表询问了两个问题：一是欧洲检察官组织的协调命令对各成员国是否有强制约束力？二是欧洲检察官组织与EPPO（European Public Prosecutor's Office，欧洲检察官办公室）之间是什么关系？是否具有隶属关系？对于第一个问题，她的答复是没有强制约束力。成员国通过签署相关的合作协议加入欧洲检察官合作体系，这些协议明确了各方的权利义务，从而产生一定的约束力，但是这种约束力并非绝对，各国在司法主权方面仍有很强的自主性。对于第二个问题，她强调两者是完全不同的组织机构，其主要区别在于EPPO是独立的欧盟检察官办公室，有调查、起诉权。具体而言，有权对影响欧盟财政利益尤其是针对欧盟预算以及由欧盟管理、监督的相关资产的经济犯罪行为提出起诉，主要包括1000万欧元以上的欺诈、腐败、跨境增值税欺诈、洗钱以及其他严重经济犯罪。而欧洲检察官组织没有该项权力，其角色定位仅为沟通协调机构。

五、此次出国参会的几点感受

（一）树立自信自立、开放包容的大国形象

近年来，随着中国互联网技术的高速发展，基础设施的不断完善，通信网络的广泛覆盖，手机微信、支付宝等移动支付空前繁荣，中国的银行体系和金融机构也不断完善服务，通过手机便捷进行购物、缴费等成为日常操作。支付方式大跨越式升级换代，从根本上破坏了假币的生存土壤和生存空间，假币犯罪发案数大幅度降低。2023年，全国检察机关起诉假币犯罪483人，仅占起诉金融犯罪人数的1.83%。在中国假币犯罪在金融犯罪体系中日益“边缘化”的同时，欧洲假币犯罪却日益泛滥，成为打击金融犯罪的重要内容。当中方代表向欧方代表提出建议学习我国发展移动支付时，欧方表现并不积极。这固然

有他们的考虑，但一个不争的事实是，当今中国社会的发展情况和先进程度已经超越不少外国人的认知。此次出访，我们切身感受到中国制度的优越性，更加坚定“四个自信”。当然，我们也期冀着更多的外国人走进中国、认识中国、了解中国，学习我们先进的理念和技术，互取所长、携手同行，共同构建“人类命运共同体”。

（二）对新型假币犯罪问题的研究刻不容缓

对于“影视币”“道具币”等新型假币如何处理，并非欧洲遇到的独有难题，在我国国内，人民银行与公检法各方也未达成一致意见。2019年山东临沂崔某夫妇制造“道具币”涉嫌伪造货币案被撤回起诉后，制造、售卖新型假币一般不构成犯罪在实践中成为了主流观点，检法机关对于制造道具币案件批捕、起诉、判决都非常慎重。实践中，一方面，人民银行、公安机关仍不遗余力加大对新型假币打击力度，推动部分案件入刑；另一方面，检察机关在批捕、起诉环节严把关口，对多个案件作不批捕、不起诉决定，也有案件起诉到法院后被法院改判无罪或被要求撤回起诉的情况。

此次参会，我们深刻感受到，对新型假币法律适用问题研究已刻不容缓，对伪造货币罪“冒充真币使用”构成要件的理解，以及对证据审查、证明规则的提炼需提上日程。我们认为，“道具币”是否认定假币犯罪对象不可一概而论，需要结合具体案件的事实证据具体判断是否有“冒充真币使用”的现实可能性。如有的案件中，标有“影视道具币”的提示字样非常小、非常隐蔽，甚至很容易擦除，擦除字样后的假币与其用于扫描的真币在图案、形状、色彩、字样等特征上没有任何区别，有的还将在技术上可以删除的人民币模版文件传给他人制作成CTP模版（computer to plate，机器直接制版，省去感光、曝光冲洗等环节）进行机械印刷，使得大范围印制假币成为可能，此类情况可以考虑认定为犯罪。但有的案件，提示字体较大、较为明显，无法像真货币一样进入流通领域，则不宜构成犯罪。

实践中，除了上述添加其他字样的假币外，还有对票面字样进行改动的假币，如将中国“人民”银行修改为中国“影视”银行、中国“魔法”银行、中国“儿童”银行等，同时模仿银行业金融机构现钞捆扎方式将改动字样遮盖后捆扎、包装成整捆的假币，对此是否构成伪造货币罪，存在较大争议，尚未形成定论。对此，我们认为，还是应当立足考虑是否具有“冒充真币使用”的现实可能性，遵循罪责刑相适应原则，以朴素的公平正义观审慎认定。

（三）加强涉外法治工作和人才培养

检察机关开展国际司法交流与合作是国家对外工作全局的重要组成部分，是一体践行习近平法治思想、习近平外交思想的重要内容。此次检察机关代表团出访，系统地了解了欧盟打击假币犯罪的总体情况和主要诉求，为更好地实现中欧双方合作打击假币犯罪奠定良好基础。同时，我们“宽眼界”“长视野”，对“统筹推进国内法治和涉外法治”“高质效办好每一个案件”有了更深刻的理解。加强涉外人才培养，特别是将一批政治立场坚定、业务素质过硬、具有国际视野、具备一定外语能力的办案人才纳入涉外法治人才队伍，具有十分重要的意义。我们将继续提升业务本领和外语素能，争取未来在更广阔的国际舞台上传播中国检察声音。

2024年总目录

（括号内圆点前为辑数，圆点后为页数）

【本辑特稿】

【工作展望】

【本辑聚焦】

【案例指导】

【典型案例】

【权威解读】

【研究动态】

【实务研究】

【法律人说】

【域外法制】

2025年《刑事检察工作指导》征订单

《刑事检察工作指导》是由最高人民检察院普通犯罪检察厅、重大犯罪检察厅、职务犯罪检察厅、经济犯罪检察厅联合主办的全国刑事检察业务唯一公开出版的指导性刊物。创刊以来，最高检院领导高度重视刊物的组稿和发行工作，第一至第四检察厅组成的编辑部严格征选稿件，刊物始终保持高起点高站位权威性，已成为全国检察机关刑事检察部门和广大刑事检察人员学习刑事检察工作政策，了解刑事司法改革方向，探讨刑事理论前沿成果，交流刑事检察实务经验的重要平台。

《刑事检察工作指导》始终遵循“三个坚持”，即坚持指导刑事案件办理为中心的办刊宗旨，坚持助推“做优做强刑事检察工作”的目标定位，坚持发挥理论性与实务性、指导性与交流性相结合的平台作用。

《刑事检察工作指导》2025年出版四辑，每辑定价60元，四辑总定价240元（免邮资），面向全国公开发行。具体订购方式及回执附后。

中国检察出版社各省订购负责人：

盛丹　010-86423727　18101137660（微信同号）传真010-68659465
（北京、天津、山西、陕西、河北、黑龙江、吉林、辽宁、内蒙古、青海、山东）

董艳芬　010-86423726　18101137661（微信同号）传真010-68659465
（河南、浙江、江苏、安徽、上海、福建、甘肃、江西、新疆、西藏）

薛建娜　010-86423728　18101137662（微信同号）传真010-68659465
（广东、广西、海南、重庆、四川、云南、贵州、湖北、湖南、宁夏）

中国检察出版社
2024年12月

2025年《刑事检察工作指导》订购回执单

<table>
<tr><td>订购单位名称</td><td colspan="2"></td><td>经手人</td><td colspan="2"></td></tr>
<tr><td>地　址</td><td colspan="2"></td><td>电　话</td><td colspan="2"></td></tr>
<tr><td>纳税人识别号</td><td colspan="5"></td></tr>
<tr><td>电子发票
接收邮箱</td><td colspan="5"></td></tr>
<tr><td>机代码</td><td colspan="2">名　称</td><td>定价</td><td>订数</td><td>金额</td></tr>
<tr><td>D2025</td><td colspan="2">2025年《刑事检察工作指导》（1—4辑）</td><td>240.00</td><td></td><td></td></tr>
<tr><td colspan="6">最新刑事检察相关图书</td></tr>
<tr><td>A44053</td><td colspan="2">刑事检察文书写作规范与指导（上下册）</td><td>258.00</td><td></td><td></td></tr>
<tr><td>A44054</td><td colspan="2">刑事检察重点文书撰写技巧及范例</td><td>176.00</td><td></td><td></td></tr>
<tr><td>A44055</td><td colspan="2">刑事名案优秀检察法律文书评述</td><td>168.00</td><td></td><td></td></tr>
<tr><td>A44056</td><td colspan="2">优秀刑事检察法律文书点评（上下册）</td><td>248.00</td><td></td><td></td></tr>
<tr><td>A44026</td><td colspan="2">《关于办理醉酒危险驾驶刑事案件的意见》理解与适用</td><td>56.00</td><td></td><td></td></tr>
<tr><td>A44039</td><td colspan="2">轻伤害案件办案指引</td><td>68.00</td><td></td><td></td></tr>
<tr><td></td><td colspan="2">2024年《刑事检察工作指导》（合订本）</td><td>240.00</td><td></td><td></td></tr>
<tr><td colspan="2">合计金额（大写）</td><td colspan="4">万　仟　佰　拾　元整</td></tr>
<tr><td colspan="6">备注：收到汇款后三个工作日内，发票将发送至电子发票接收邮箱内！</td></tr>
</table>